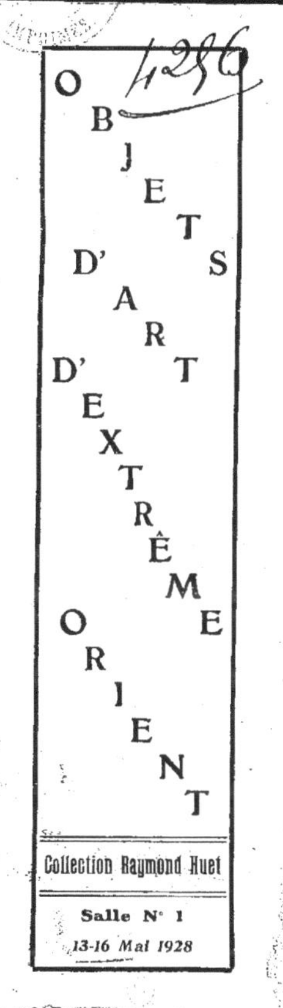
4296
OBJETS
D'ART
D'EXTRÊME
ORIENT
Collection Raymond Huet
Salle N° 1
13-16 Mai 1928

Objets d'Art d'Extrême-Orient

PROVENANT PRINCIPALEMENT DES

Collections Burty, Calame, Goncourt, Hayashi

BEAUX LAQUES DU JAPON
XVIIe ET XVIIIe SIÈCLES

SUZURI BAKO — INRO — KOBAKO
PEIGNES ET ÉPINGLES DE COIFFURES

NETSUKE EN BOIS ET EN IVOIRE

Objets en fer de l'Atelier des Myochin

Pierres dures de la Chine

PIPES A OPIUM & ACCESSOIRES DE FUMERIE

ÉTOFFES BRODÉES ET BROCHÉES

Estampes et Livres Illustrés

HARUNOBU — UTAMARO — HOKUSAI

DONT LA VENTE AUX ENCHÈRES PUBLIQUES AURA LIEU

A L'HOTEL DROUOT, SALLE N° 1

Les Lundi 14, Mardi 15 et Mercredi 16 Mai 1928, à deux heures

COMMISSAIRE-PRISEUR	EXPERT
Me F. LAIR DUBREUIL	**M. ANDRÉ PORTIER**
6, rue Favart, 6	EXPERT PRÈS LE TRIBUNAL CIVIL DE LA SEINE
	24, rue Chauchat (*Cent. 27-36*)

Chez lesquels se distribue le présent Catalogue.

EXPOSITION PARTICULIÈRE

Chez M. André PORTIER, 24, rue Chauchat, *du Lundi 7 au Vendredi 11 Mai 1928.*

EXPOSITION PUBLIQUE

HOTEL DROUOT, Salle N° 1, *le Dimanche 13 Mai 1928, de 2 heures à 6 heures.*

CONDITIONS DE LA VENTE

Elle sera faite au comptant.

Les acquéreurs paieront *19 fr. 50 pour cent* en sus des enchères.

L'Expert, dans l'intérêt de la vente, se réserve la faculté de réunir ou de diviser les lots.

L'Expert assistera à l'Exposition et se tiendra à la disposition de MM. les Amateurs qui auraient des renseignements à lui demander ou des ordres d'achat à lui confier.

ORDRE DES VACATIONS

1re Vacation :

N°   1 à N° 78

N° 152 à N° 200

N° 244 à N° 290

2e Vacation :

N° 79 à N° 132

N° 445 à N° 514

N° 350 à N° 399

3e Vacation :

N° 133 à N° 151

N° 201 à N° 243

N° 291 à N° 300

N° 301 à N° 349

N° 400 à N° 444

95.621. — Imprimerie Lahure, 9, rue de Fleurus, à Paris. — 1928.

LAQUES DU JAPON

SUZURI BAKO

(BOITES ÉCRITOIRES)

1 — Petite boîte écritoire, de forme carrée, en laque noir, décorée au laque d'or et ornée
d'incrustations de nacre, dans le style chinois, d'un paysage de temple. XVII° siècle. —
Reproduction, pl. I.

150 millim. × 149 millim.

2 — Boîte écritoire, de forme rectangulaire, les angles arrondis, en laque yasuriko-nashiji,
très joliment décorée aux laques d'or et d'argent, d'un buisson de chrysanthèmes en
fleurs : au revers du couvercle et à l'intérieur de la boîte, s'enlève en puissant relief de
laque d'or, un décor d'érables près d'un ruisseau. Mizuire en argent. XVIII° siècle.

250 millim. × 220 millim.

3 — Boîte écritoire, de forme carrée, en laque mura-nashiji, joliment décorée en relief de
laque taka-makiye, d'arbustes en fleurs près d'un ruisseau dans lequel se mire la lune :
au revers du couvercle, un joli décor d'herbes des champs. XVIII° siècle. — *Reproduction, pl. I.*

Collection Calame. N° 40.

250 millim. × 235 millim.

4 — Boîte écritoire, de forme carrée, en laque yasuriko-nashiji, décorée aux laques d'or et
d'argent, d'un personnage à califourchon sur un bœuf : au revers du couvercle, un décor
de rochers et d'algues éclairés par le soleil. XVIII° siècle.

230 millim. × 220 millim.

5 — Boîte écritoire, de forme rectangulaire, en laque à fond d'or mat kinji, très finement
décorée en haut relief de laque d'or, d'un char de cour : au revers du couvercle, sur fond
nashiji, un cerf et une biche près d'un ruisseau, sous un érable. XVIII° siècle.

Collection Calame. N° 55.

230 millim. × 210 millim.

6 — Jolie boîte écritoire, de forme rectangulaire, en laque pavé de nacre, réservant un large médaillon orné d'une plaque d'encre de Chine, d'un pinceau en laque rouge et d'un cachet imitant le jade : au revers du couvercle, en laque d'or, sur fond rouge, un paysage de style chinois. XVIIIe siècle.

225 millim. × 200 millim.

7 — Boîte écritoire, de forme rectangulaire, les angles arrondis en laque mura-nashiji, décorée en puissant relief de laque d'or et de laque rosé, de deux chimères kilin près de pivoines : au revers du couvercle et à l'intérieur de la boîte, un décor de losanges en laque hira-makiye d'or sur fond orange. Mizuire en bronze ciselé de chrysanthèmes. XVIIIe siècle.

Collection Calame. N° 31.

260 millim. × 235 millim.

8 — Boîte écritoire, de forme rectangulaire en laque nashiji, décorée en laques hira et takamakiye : collines plantées d'arbres en fleurs, près d'une chute d'eau. A l'intérieur de la boîte, en laque d'or sur fond aventuriné, un décor d'herbes aquatiques. XVIIIe siècle.

230 millim. × 205 millim.

9 — Boîte écritoire, de forme rectangulaire, en laque noir ro-iro, très finement décorée en relief de laque d'or, d'un personnage dansant, la figure couverte d'un masque de gigaku. Très beau travail d'un Koma. XVIIIe siècle.

240 millim. × 210 millim.

10 — Boîte écritoire, de forme carrée, en laque yasuriko-nashiji, joliment décorée aux laques taka-makiye d'or et d'argent, d'un personnage et d'un bœuf près d'un ruisseau, sous un pin : au revers du couvercle, un Sennin lavant son oreille à l'onde pure d'une cascade ; à l'intérieur de la boîte, un décor d'arbustes et de roseaux. Mizuire en bronze ciselé et doré : personnages et chimères. XVIIIe siècle. — *Reproduction, pl. I.*

Collection Calame. N° 52.

240 millim. × 230 millim.

11 — Boîte écritoire, de forme carrée, en laque mura-nashiji, joliment décorée en relief de laque d'or, du paysan Kengin menant son bœuf ; au revers du couvercle, de Shokujo, la ravissante fille du dieu du Soleil conduisant son métier à tisser ; à l'intérieur de la boîte, d'un ruisseau serpentant paresseusement au milieu des fleurs. Mizuire en bronze imitant une feuille. XVIIIe siècle. — *Reproduction, pl. I.*

Collection Calame. N° 42.

Signé : **Shunsho (Harumasa)**.
Cachet : **Shunsho**.

240 millim. × 220 millim.

12 — Très jolie boîte écritoire, de forme rectangulaire, en laque taka-makiye, décorée de maisonnettes sous un pin, auprès d'une cascade : au revers du couvercle et à l'intérieur de la boîte, un décor d'herbes des champs. XVIIIe siècle. — *Reproduction, pl. I.*

Collection Calame. N° 37.

245 millim. × 205 millim.

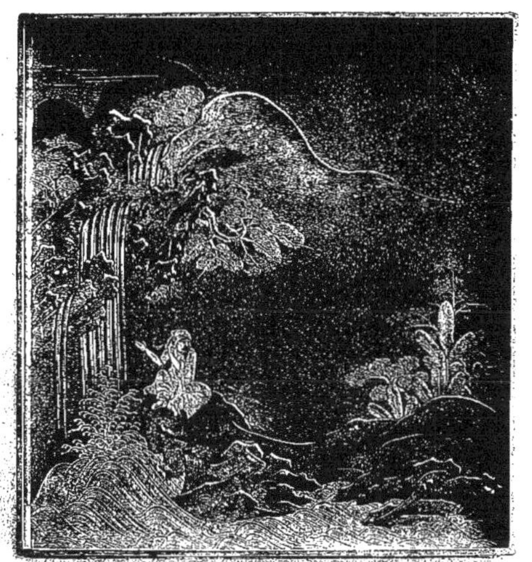

11

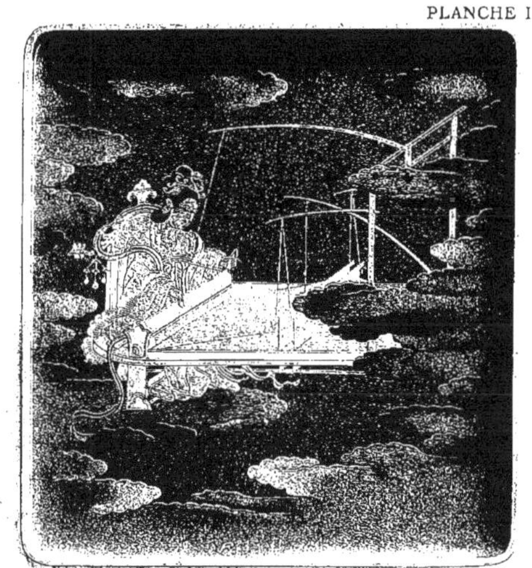

10

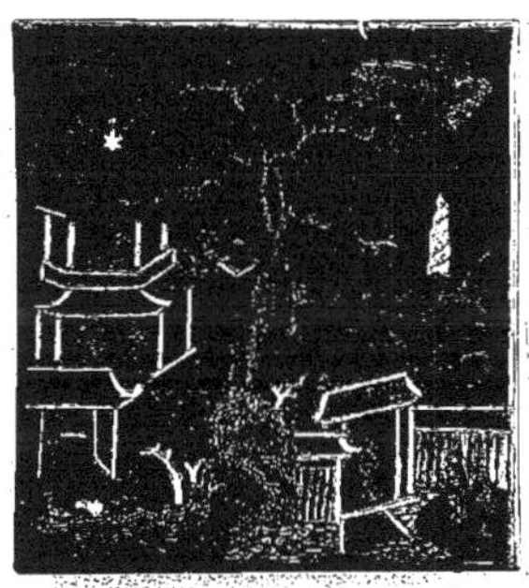

1

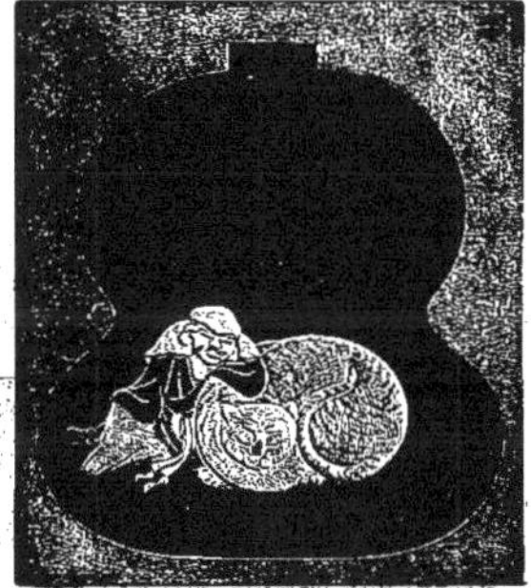

15

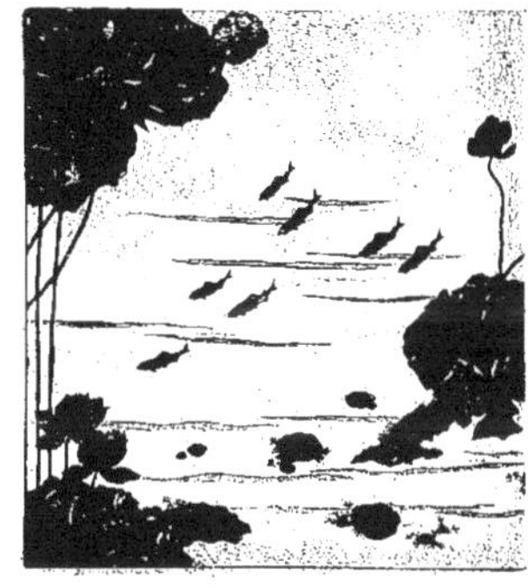

14

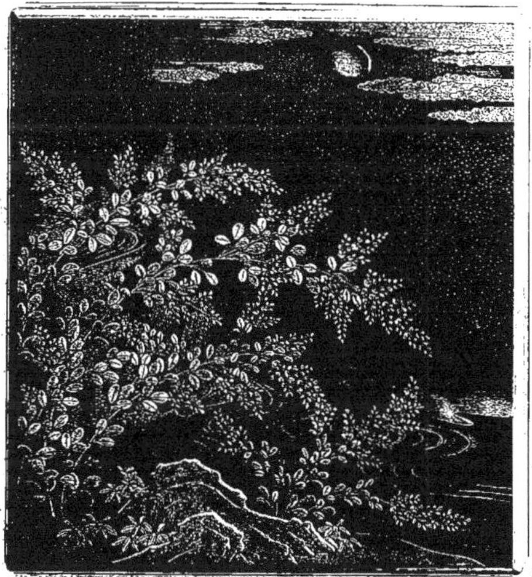

3

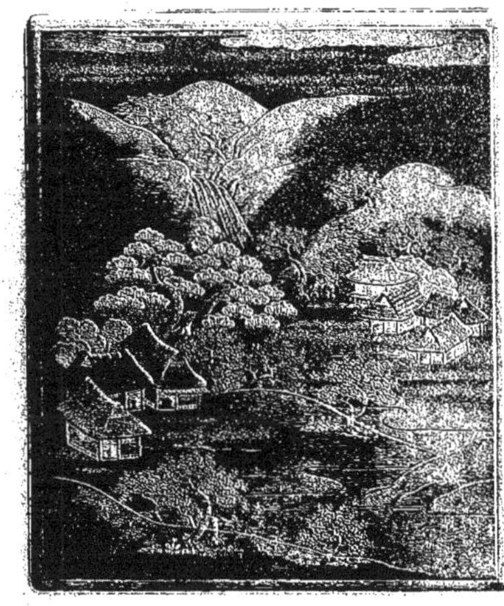

12

13 — Boîte écritoire, en laque rouge, encadrée de laque noir incrusté d'or, et ornée de
quatre coins en bronze ciselé, rehaussé d'émaux, par un Hirata : papillons et fleurs ; intérieur de la boîte en laque nashiji. XVIIIᵉ siècle.

Collection des Goncourt. Nº 445.

240 millim. × 220 millim.

14 — Boîte écritoire, de forme carrée, en laque d'or à fond mat kinji, décorée en très belle
application de nacre foncée, de poissons et d'herbes aquatiques : au revers du couvercle,
en laque bronzé, de deux poissons et de roseaux. XVIIIᵉ siècle.

170 millim. × 155 millim.

15 — Petite boîte écritoire, de forme rectangulaire, en laque mura-nashiji, décorée en laque
taka-makiye d'or, dans un médaillon de laque noir ro-iro, d'un Sennin accroupi près
d'un tigre. XVIIIᵉ siècle.

100 millim. × 90 millim.

16 — Écritoire minuscule, de forme rectangulaire, en laque noir ro-iro, décorée au laque
d'or, d'un motif d'étoffes : intérieur en laque mura-nashiji. XVIIIᵉ siècle.

Collection Colmet Daâge. Nº 353.

60 millim. × 40 millim.

17 — Très belle boîte écritoire, de forme rectangulaire, les coins arrondis, en laque taka-
makiye d'or, décorée de deux chevaux richement caparaçonnés, près de l'entrée d'une
habitation : au revers du couvercle et dans l'intérieur de la boîte, un décor d'étoffe en
haut relief sur fond de laque kinji : la boîte est accompagnée de tous ses ustensiles.
XVIIIᵉ siècle.

Collection Colmet Daâge. Nº 6.

240 millim. × 215 millim.

18 — Boîte écritoire, en sparterie joliment décorée dans le style de Korin, au laque d'or, avec
applications de plomb et de nacre, de touffes d'iris. XVIIIᵉ siècle.

230 millim. × 200 millim.

INRO

(BOITES A MÉDECINE)

19 — Inro à quatre cases, en laque brun (tame), décoré en laque taka-makiye d'or et d'argent et rehaussé de nacre : trois chevaux se détachant sur un fond de fougères stylisées.
XVIIIᵉ siècle.

20 — Inro à trois cases, en laque blanc, décoré en hira-makiye d'or et orné d'incrustations de nacre : deux ornements stylisés. Belle pièce du début du XVIII° siècle.

21 — Inro à une case, de forme très allongée, en laque noir ro-iro, décoré en hira-makiye d'or et orné d'incrustations de nacre : chrysanthèmes en fleurs. Fin du XVIII° siècle.

22 — Inro à deux cases, de forme rectangulaire, en laque brun (tame), décoré au laque d'or et orné d'incrustations de nacre : motifs de fleurettes stylisées. Netsuke en bois imitant un chapeau. XVIII° siècle.

Collection Colmet Daâge. N° 83.

23 — Inro à quatre cases, en laque noir ro-iro, silhouetté au trait, en laque d'or, de trois chevaux s'ébrouant.

Signé : **Zeshin.**

Collection Colmet Daâge. N° 126.

24 — Inro à cinq cases, de forme tubulaire, en laque noir ro-iro, décoré en relief de laques d'or et d'argent, avec incrustations de nacre : grue posée près d'un bouquet fleuri.

Signé : **Toyusaï.**

25 — Inro à quatre cases, en laque noir ro-iro, très finement décoré en laque d'or et laque polychrome : trois enfants jouant à colin-maillard, près d'un pin. XVIII° siècle.

Collection Colmet Daâge. N° 124.

26 — Inro à cinq cases, en laque yasuriko-nashiji, décoré en puissant relief de laque rouge et laque d'or : figure de Daruma : au revers, un sceptre et une chimère sur un support. Netsuke bouton avec plaquette en argent ciselé, représentant la figure de Daruma dissimulé dans son manteau. XVIII° siècle.

27 — Inro à quatre cases, en laque mokume, décoré au laque d'or avec application de plomb : moineaux jouant auprès de chrysanthèmes et de bambous.

Signé : **Jokasai.**

28 — Inro à deux cases, en laque granité imitant le fer, décoré au laque brun et orné d'incrustations de plomb et de nacre : fleur aquatique dans son feuillage : la case inférieure est doublée d'argent. XVIII° siècle.

Collection Colmet Daâge. N° 112.

29 — Inro à trois cases, en laque noir ro-iro, décoré en relief de laque brun et de laque d'or et orné d'applications d'argent : dragon dans les nuages. Netsuke en bois : grappe de fruits. Début du XVIII° siècle.

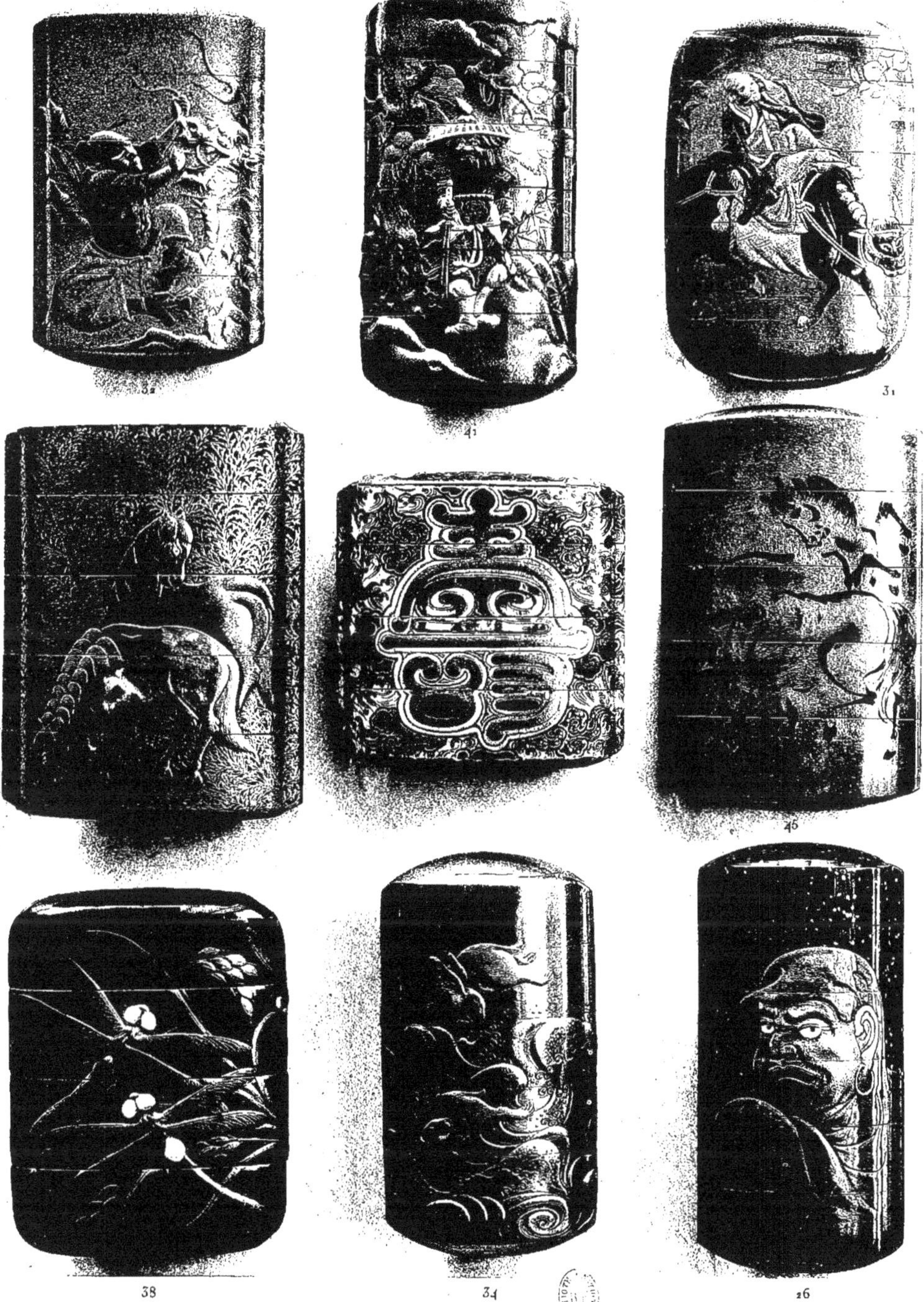

30 — Inro à quatre cases, en laque d'or à fond mat kinji, avec coulisseau de shibuichi, décoré en relief de laque d'or et de laque brun et orné d'applications d'argent : singes jouant dans les arbres près d'un courant. Netsuke en bois : fruits. Début du XVIIIe siècle.

31 — Inro à quatre cases, en laque d'or à fond mat kinji, décoré en relief de laques d'or et d'argent : personnage à califourchon sur un bœuf contemplant un grand-duc sur une branche de kaki : à l'horizon, se profile le Fuji. XVIIIe siècle.

32 — Inro à quatre cases, en laque mura-nashiji, décoré en puissant relief de laques divers et applications de feuilles d'or : personnage soignant la dent d'un dragon.

*Signé : **Toshi.***

Collection Colmet Daâge. N° 59.

33 — Inro à quatre cases, en laque mura-nashiji, décoré sur une face d'un kakemono représentant un personnage contemplant la lune : à ses côtés, en laque d'or et nacre, un vase fleuri ; au revers un hibashi près d'un écran.

*Signé : **Kakosai.***

34 — Inro à quatre cases, en laque d'or à fond mat kinji, décoré en relief de laque d'or et d'argent : base courant sur les flots, devant le disque rosé du soleil.

*Signé : **Tokkosai.***

35 — Inro à quatre cases, en laque imitant le bronze doré, décoré au laque d'or de tonalités différentes, d'un semis de chrysanthèmes et de caractères de longévité.

36 — Inro à secret, coulissant, en bambou moucheté, décoré en laque d'or et laque rouge, d'oiseaux entourant un perchoir : à l'intérieur, trois petites boîtes d'un travail similaire, offrant un décor de fleurettes variées.

*Signé : **Kokusai.***

37 — Inro à cinq cases, en laque d'or à fond mat kinji, décoré en haut relief de laques d'or et d'argent : à l'ombre d'un pin, enfants jouant à kotoro-kotoro.

*Signé : **Ko Kinkosai.***

Collection Colmet Daâge. N° 33.

38 — Inro à trois cases, en porcelaine bleue décorée au laque d'or : vol de grandes libellules exécutées en laques rouge et or, en céramique et en burgau, parmi des tiges de riz garnies d'épis : ojimé en ambre, netsuke en porcelaine bleue de Hirado : coquillage et crabe.

*Cachet : **Eikan.***

Collection des Goncourt. N° 596.

39 — Inro à quatre cases, en fer, décoré en haut relief de laque d'or : bouquet d'herbes des champs. XVIIIe siècle.

40 — Inro à deux cases, en forme de disque, en shu-nuri (laque rouge), décoré en laque taka-makiye d'or : poule et poussins près de bambous. XVIIIe siècle.

Collection Colmet Daåge. N° 58.

41 — Très bel inro à cinq cases, en laque à fond d'or mat kinji, décoré en haut relief de laque d'or et orné d'applications de shibuichi et d'or : Shoki poursuivant des oni dissi-mulés, anxieux, dans un rocher.

Signé : **Kakosai Shozan.**

Collection Colmet Daåge. N° 26 (reproduit dans ce catalogue).

42 — Inro à quatre cases, en laque noir ro-iro, décoré au laque d'or et orné d'applications de de nacre et de poterie : pousses de fougères.

Signé : **Hohei.**

43 — Inro à quatre cases, en laque blanc dit coquille d'œuf, décoré en haut relief de laques d'or et d'argent et orné d'applications de plomb : crabes.

Collection Colmet Daåge. N° 155.

44 — Inro à trois cases, en laque somada-bori, décoré dans le style chinois, d'un vol d'oies sauvages. Netsuke en corne de cerf, décoré d'un masque en laque d'or. Début du XVIIIe siècle.

Collection Colmet Daåge. N° 111.

45 — Très bel inro à quatre cases, en rogin-nuri (laque d'argent), décoré en sumiye (encre de Chine), au trait, de trois chevaux s'ébrouant.

Signé : **Jokasai.**

Collection Gillot. N° 536.

46 — Joli petit inro à cinq cases, trois cases en laque d'or de différents tons, une case en laque rose et une case en laque d'argent, finement décoré d'un carquois près d'un ceri-sier en fleurs.

Signé : **Suzuki Kaneshige.**

Collection Colmet Daåge. N° 40.

47 — Inro minuscule, en laque noir ro-iro, décoré en laque polychrome, d'un faucon sur son perchoir. XVIIIe siècle.

48 — Inro à trois cases, en bois naturel, très joliment décoré en application d'ivoire, d'écaille et de laque rouge : pieuvre, poissons, crustacés et coquillages. XVIIIe siècle.

49 — Inro à coulisse, l'étui en fer, décoré en incrustations de métaux divers, de tortues près d'un pin.

50 — Inro à coulisse, en bambou imitant un natté, décoré en laques d'or et d'argent, de filets de pêche, au clair de lune. XVIII° siècle.

Collection Colmet Daâge. N° 153.

51 — Inro à trois cases, en bambou très finement gravé d'une longue poésie.

52 — Inro minuscule, à deux cases, en laque d'or à fond mat kinji, décoré de deux cigognes au vol.

Collection Colmet Daâge. N° 160.

53 — Inro à coulisse, en bois de shitan, décoré en haut relief de poterie, d'écaille d'ivoire et de métaux : deux Sennin. Netsuke en bois, représentant un buste de Daruma. XVIII° siècle.

LAQUES DIVERS

54 — Boîte cantine, de forme rectangulaire, à cinq compartiments en laque noir ro-iro, décorée au laque d'or rehaussé de laque rouge, d'herbes fleuries, près d'un ruisseau : même décor se reproduisant sur les quatre faces de la boîte. XVIII° siècle.

220 millim. × 160 millim.

55 — Joli nécessaire en laque d'or yasuriko, composé d'un plateau sur lequel sont disposées quatre boîtes de formes variées et un brûle-parfums avec couvercle en argent, ajouré de chrysanthèmes. Très jolie pièce du XVIII° siècle.

260 millim. × 190 millim.

Collection Calame. N° 39.

56 — Boîte à pinceaux, de forme rectangulaire, en laque nashiji, décorée aux laques d'or et d'argent, d'un Samurai à cheval, accompagné d'un serviteur, passant devant le Fuji qu'ils contemplent. Au revers du couvercle, une inscription en caractères cursifs. XVIII° siècle.

230 millim. × 70 millim.

57 — Fumi-bako, en laque nashiji, joliment décoré en laque taka-makiye d'or et orné d'application de feuilles d'or et d'argent : branchages fleuris. XVIII° siècle.

240 millim. × 90 millim.

58 — Kobako, de forme rectangulaire, à trois compartiments, en laque nashiji, décoré sur le couvercle, en laque taka-makiye d'or et d'argent, d'un coq sur un tambour, et sur les parois d'un vol de phénix. XVIII° siècle.

100 millim. × 80 millim.

59 — Kobako, de forme rectangulaire, en laque brun (tame), décoré au laque d'or, des armoiries impériales. Le même décor se poursuit au revers du couvercle et sur le plateau intérieur, tous deux sertis de plomb. Début du XVIII° siècle.

110 millim. × 90 millim.

Collection Colmet Daàge. N° 232.

60 — Kobako, de forme carrée et plate, en laque nashiji, décoré en puissant relief de laque d'or et de laque rouge : Raiden, un sac sur le dos. XVIII° siècle.

61 — Kobako, de forme rectangulaire et plate, en laque d'or à fond mat kinji, décoré en léger relief de laque d'or et orné d'applications de feuilles d'or, d'argent et de nacre : store sous un arbre en fleurs. XVIII° siècle.

80 millim. × 60 millim.

62 — Kobako, de forme rectangulaire, à double compartiment, en laque gyobu-nashiji, décoré en haut relief de laque d'argent : couple d'oiseaux de proie attaquant une grue. XVIII° siècle.

95 millim. × 65 millim.

63 — Kobako, de forme très plate, en laque hira-makiye, offrant en laque polychrome, un décor de livres intitulés : *Ise monogatari*. XVIII° siècle.

80 millim. × 70 millim.

64 — Très jolie boîte, de forme rectangulaire et plate, en laque taka-makiye d'or, ciselé d'un semis de chrysanthèmes : à l'intérieur de la boîte, quatre petites boîtes simulant des livres aux couvertures fleuries. Titre des livres : *Aizomegawa, Kayoikomachi, Segyoyanagi, Yokihi*. XVIII° siècle.

120 millim. × 95 millim.

Collection Colmet Daàge. N° 218.

65 — Kobako, de forme rectangulaire, les angles arrondis, en laques nashiji et taka-makiye d'or : deux tortues jouant dans un courant, au milieu d'herbes en fleurs. XVIII° siècle.

105 millim. × 85 millim.

66 — Kobako, de forme lenticulaire, en laque taka-makiye d'or, le couvercle imitant un chrysanthème aux pétales épanouis. XVIII° siècle.

Diam., 85 millim.

67 — Kobako, de forme cylindrique, en laques noir ro-iro et mura-nashiji : nuages et « mon » sur un fond de grecques stylisées. XVIII° siècle.

Diam., 130 millim. —

68 — Kobako, de forme lobée, en laque rouge, décoré en laque polychrome, dans le style chinois, d'une chimère et de pivoines. XVIII° siècle.

Diam., 120 millim.

69 — Kobako, de forme arrondie et plate, en laque mura-nashiji, décoré en relief de laque : crabes près d'un rocher émergeant des flots. XVIII° siècle.

Diam., 75 millim.

70 — Kobako, de forme circulaire et plate, en laque.mura-nashiji, serti de plomb, décoré en laque taka-makiye d'or et de couleur : casque et vase fleuri. XVIII° siècle.

Diam., 75 millim.

71 — Coffret, de forme rectangulaire, en laque mura-nashiji, décoré au laque d'or : vol de grues au-dessus des flots de la mer. Début du XIX° siècle.

190 millim. × 130 millim.

72 — Kobako, de forme bilobée, en laque hira-makiye, décoré en très léger relief, de papillons et de fleurs des champs. XVIII° siècle.

Larg., 90 millim.

73 — Kobako, de forme tubulaire, à trois compartiments, en laque mura-nashiji, décoré au laque d'or : paysage de collines plantées d'arbres variés. XVIII° siècle.

Haut., 70 millim.

74 — Kobako, de forme circulaire et plate, en laque noir ro-iro et kirikane, le décor représentant une boussole. Début du XVIII° siècle.

Diam., 80 millim.

75 — Joli kobako, en laque taka-makiye d'or et laque rouge, rehaussé de petites parcelles de nacre : nœud d'obi, à décor de chrysanthèmes. XVIII° siècle.

Larg., 90 millim.

76 — Kobako, de forme rectangulaire et plate, en laque noir ro-iro, frotté d'or et rehaussé de nacre : arbre en fleurs : à l'intérieur, un joli décor de nuages et de grecques. XVIII° siècle.

Collection Colmet Daâge. N° 349.

80 millim. × 50 millim.

77 — Kobako, en forme de boîte écritoire, en laque taka-makiye d'or, décoré de trois enfants jouant à colin-maillard. XVIII° siècle.

65 millim. × 60 millim.

78 — Kobako, de forme carrée et plate, en laque yasuriko, serti de plomb, décoré en laque taka-makiye d'or : armoiries impériales. XVIII° siècle.

Larg., 65 millim.

79 — Kobako, en beau laque taka-makiye d'or et d'argent, représentant un casque en fer, orné de fleurettes d'or.

Collection Colmet Daâge. N° 261.

Larg., 85 millim.

80 — Kobako, en laque mura-nashiji, décoré en laque d'or et orné d'incrustations de nacre : éventail à demi ouvert. XVIIIᵉ siècle.

Larg., 75 millim.

81 — Kobako, de forme rectangulaire et plate, en laque à fond d'or mat kinji, rehaussé de laque noir et orné d'incrustations de nacre : coiffures de cour et feuilles d'érable : à l'intérieur, quatre petites boîtes très plates, décorées en hira-makiye d'or et d'argent : de canards, de chiens et de motifs fleuris. XVIIIᵉ siècle.

90 millim. ✕ 65 millim.

82 — Kobako, de forme plate, formé de deux boîtes conjuguées, l'une recouverte d'une feuille d'or, l'autre d'une feuille d'argent, offrant le décor sho-shiku-bai (pins, pruniers et bambous, emblèmes de félicité). XVIIIᵉ siècle.

70 millim. ✕ 65 millim.

83 — Kobako, en laque seishitsu (fond de laque vert), formé de deux boîtes conjuguées, simulant une plaque de gong, décorée au laque rouge, de chauves-souris et de motifs floraux. XVIIIᵉ siècle.

Larg., 220 millim.

84 — Natsume, en laque d'or mat kinji, décoré dans le style de Korin, avec application de plomb et de nacre, des ustensiles nécessaires à la cérémonie du thé (chano-yu). XVIIIᵉ siècle.

Diam., 90 millim.

85 — Natsume, en forme d'un losange, en beaux laques kirikane et taka-makiye d'or, avec rehauts de nacre : roues et vagues. Couvercle en argent, ajouré de chrysanthèmes. XVIIIᵉ siècle.

Haut., 85 millim.

86 — Natsume à quatre pans, en laque noir ro-iro doublé de cuivre, décoré au laque d'or : chrysanthèmes et mon des Tokugawa. XVIIIᵉ siècle.

Haut., 90 millim.

87 — Natsume, de forme cylindrique, en laque mokume, décoré au laque d'or et incrusté de nacre et de plomb : hortensias épanouis.

Signé : **Ritsuo.**
Cachet : **Kwan.**

Haut., 70 millim.

88 — Natsume, en laque brun (tame), décoré en application de poterie crème et en laque vert : bouquet de chrysanthèmes.

Cachet : **Korin.**

Collection Colmet Daâge. N° 325.

Haut., 70 millim.

89 — Natsume, en bois naturel, décoré en haut relief de laques d'or et d'argent : sauterelle sur une branche fleurie.

Signé : **Teijosai.**

Haut., 75 millim.

90 — Kobako, en bois naturel et laque nashiji, en forme d'une racine, décoré dans le style de Gambun, d'un nid de fourmis : à l'intérieur, une inscription en caractères cursifs.

Long., 100 millim.

91 — Tobako-ire (pochette à tabac), en bois naturel, décoré au laque d'or, dans le style de Korin et orné d'applications de plomb et de nacre : tortues jouant dans un cours d'eau. XVIII⁰ siècle.

Larg., 80 millim.

92 — Pochette à tabac, en bois naturel sculpté de pièces de monnaie. XVIII⁰ siècle.

Larg., 90 millim

93 — Kobako, en bois naturel, sculpté d'un dragon sur les flots.

Cachet : **Kisui.**

Larg., 90 millim.

94 — Sake-zuki, (coupe à sake), en laque rouge orange, décoré en laque taka-makiye d'or : chrysanthèmes épanouis. XVIII⁰ siècle.

Collection des Goncourt. N° 507.

Diam., 110 millim.

95 — Coupe à sake, en laque rouge orange, décorée en laques taka-makiye d'or et d argent : emblèmes de félicité et de longévité (pins, pruniers et bambous, grues et tortues). Au revers, l'armoirie des Tokugawa.

Signée : **Shomosai.**

Diam., 130 millim.

96 — Coupe à sake, en laque rouge orange, décorée au laque d'or, de langoustes et de bambous. XVIII⁰ siècle.

Diam., 105 millim.

97 — Coupe à sake, en laque rouge orange, décorée aux laques d'or et d'argent : maisonnettes auprès des pins : sur une passerelle passe un cortège de daimyo se rendant à un temple shintoiste. XVIII⁰ siècle.

Collection des Goncourt. N° 506.

Diam., 105 millim.

98 — Joli coupe à sake, en laque rouge orange, décorée en laque take-makiye : cinq poissons finement dessinés. XVIII⁰ siècle.

Diam., 85 millim.

99 — Coupe à sake, en laque rouge orange, décorée de gerbes liées, en laque taka-makiye d'or. XVIIIe siècle.

Diam., 90 millim.

100 — Coupe à sake, en laque rouge orange, décorée au laque d'or et ornée d'applications de feuilles d'argent : cigognes sous un pin. XVIIIe siècle.

Collection des Goncourt. N° 507.

Diam., 90 millim.

101 — Kobako, de forme rectangulaire, en laque d'or mat kinji, pavé de nacre et de pépites d'or, offrant un décor d'étoffes. XVIIIe siècle.

Larg., 70 millim.

102 — Kobako, de forme carrée, en laque nashiji rehaussé de paillettes d'or et de nacre : étoffe ornée de chrysanthèmes sur fond de grecques. XVIIIe siècle.

Larg., 70 millim.

103 — Joli boîte, de forme octogonale, en laque nashiji et vannerie, avec rehauts de nacre, très finement décorée, sur le couvercle, de deux papillons affrontés disposés en armoirie. XVIIIe siècle.

Larg., 75 millim.

104 — Kobako, de forme rectangulaire, en laque noir ro-iro, pavé de nacre polychrome, le couvercle décoré de deux enfants, les parois ornés d'éventails : à l'intérieur de la boîte, un plateau contient deux petites boîtes très plates en laque noir ro-iro pavé de nacre, de pépites d'or et d'argent. XVIIIe siècle.

Collection Colmet Daâge. N° 364.

50 millim. × 45 millim.

105 — Kobako, de forme rectangulaire, en laque kinji, joliment décoré en sumiye-togidashi (encre de Chine) : paysage maritime. XVIIIe siècle.

70 millim. × 50 millim.

106 — Kobako, de forme rectangulaire, en laque taka-makiye d'or, représentant une table de go : sur les parois de la boîte, un décor de fleurs en laque taka-makiye d'or. XVIIIe siècle.

65 millim. × 60 millim.

107 — Kobako, de forme circulaire, en rogin-nuri, décoré en haut relief de laque, d'ivoire et de nacre : vol de papillons sur un chrysanthème : au revers du couvercle et à l'intérieur de la boîte, un décor similaire avec applications de poterie. L'aile de l'un des papillons se soulève et découvre une petite boussole logée dans l'épaisseur du couvercle; un papillon mobile forme fermoir. Très jolie pièce du début du XVIIIe siècle.

Collection des Goncourt. N° 478.

Diam., 70 millim.

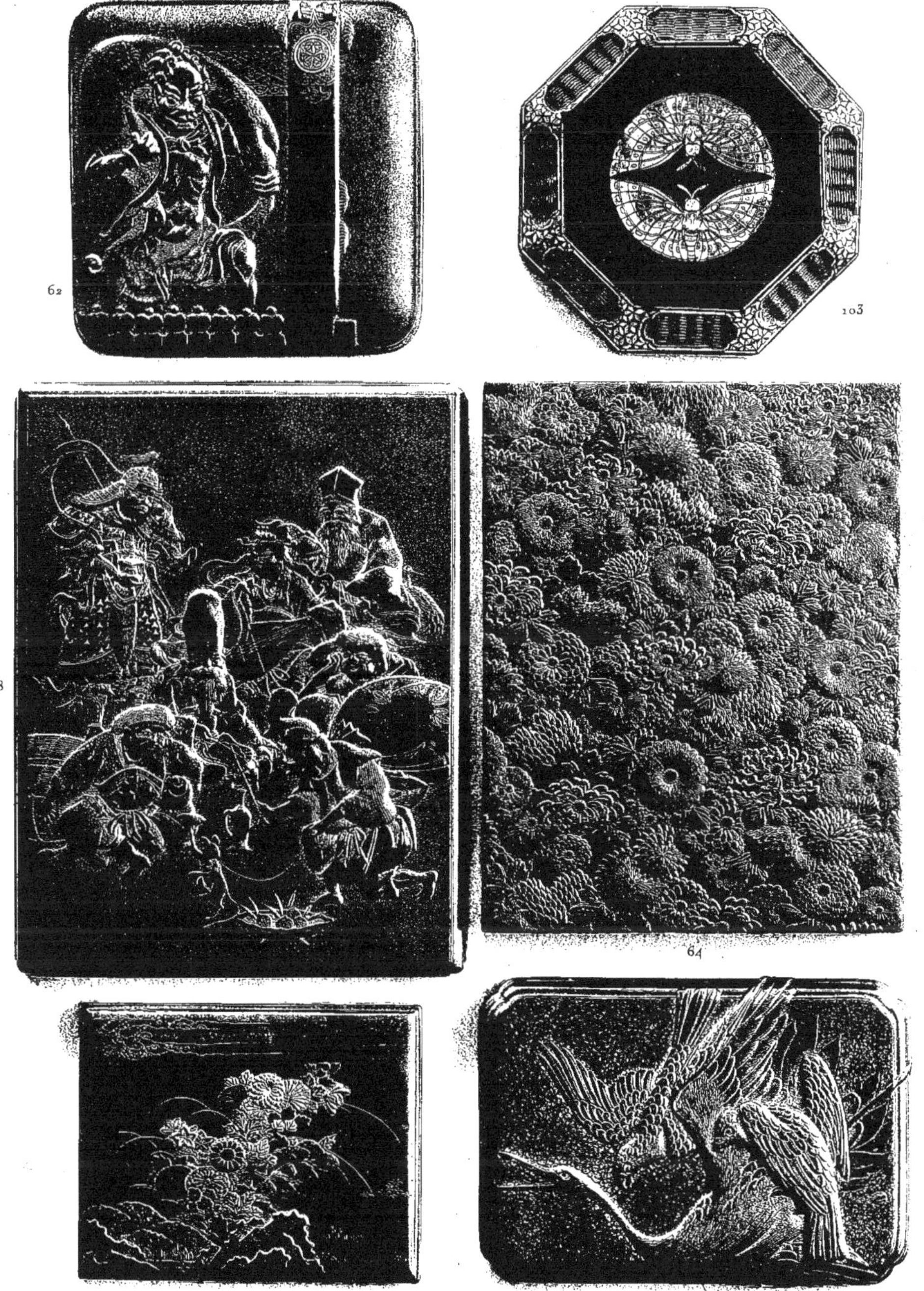
62
103
118
64
120
60

108 — Kobako, de forme carrée et plate, en laque gyobu, décoré en hira-makiye d'or et d'argent, avec rehauts de nacre : chrysanthèmes épanouis. XVIIIᵉ siècle.

Collection Colmet Daâge. Nᵒ 368.

Larg., 40 millim.

109 — Kobako, de forme très plate, en laque kinji, décoré en taka-makiye d'or, d'un paysage de rizière. XVIIIᵉ siècle.

Collection Colmet Daâge. Nᵒ 357.

Larg., 55 millim.

110 — Kobako, de forme très plate. en laque kinji, joliment décoré en taka-makiye d'or, d'un vol d'oiseaux de mer se posant sur un rocher, au milieu des flots. XVIIIᵉ siècle.

Collection Colmet Daâge. Nᵒ 368.

Larg., 50 millim.

111 — Kobako, de forme cylindrique, en laque noir ro-iro, très joliment décoré en laque d'or de différents tons, des attributs de Daikoku. XVIIIᵉ siècle.

Larg., 50 millim.

112 — Kobako, de forme très plate, en laque et écaille, simulant un livre, décoré en laques d'or et d'argent : pins et pruniers. XVIIIᵉ siècle.

Collection des Goncourt. Nᵒ 473.

55 millim. × 40 millim.

113 — Petite boîte, de forme rectangulaire, en écaille mouchetée, décorée au laque d'or, de deux armoiries. XVIIIᵉ siècle.

Collection des Goncourt. Nᵒ 473.

45 millim. × 35 millim.

114 — Petite boîte en laque brun (tame), décorée en léger relief d'or et d'argent : armoiries. XVIIIᵉ siècle.

40 millim. × 30 millim.

115 — Petit modèle de natsume en laque tsuishu, sculpté d'arabesques stylisées. XVIIIᵉ siècle.

Haut., 30 millim.

116 — Très beau nécessaire en laques nashiji et kinji, formé d'un plateau en laque, l'anse en argent imitant un tronc de bambou : sur le plateau sont disposés, au centre, un natsume en laques ro-iro et nashiji, et, sur le pourtour, six inro de forme tubulaire en laques variés, offrant des décors fleuris. XVIIIᵉ siècle.

Collection Calame. Nᵒ 35.

Larg., 200 millim.

117 — Nécessaire pour le jeu du brûle-parfums (ko-awase) formé d'une boîte rectangulaire, à trois compartiments, en laque brun (tame), décorée au laque d'or, de haies de chrysanthèmes et de l'armoirie des Tokugawa : le compartiment supérieur contient le plateau avec damier, le compartiment inférieur les petites enveloppes et les jetons. Fin du XVIII⁰ siècle.

27 millim. × 20 millim.

118 — Boîte, de forme rectangulaire, en laque gyobu-nashiji : très finement décorée en haut relief de laque d'or et de laque de couleur : les sept dieux du bonheur faisant danser un rat. La boîte contient quatre autres petites boîtes rectangulaires en laque d'or, décorées de « mon », d'oiseaux de Hô et de dragons.

Jolie pièce signée : **Kajikawa**.

Collection Colmet Daàge. N° 208.

125 millim. × 100 millim.

119 — Boîte, de forme circulaire, en laque noir ro-iro, décorée en laque kinji : cerf et biche, près d'érables et de pins, à la lueur argentée du disque lunaire : la boîte contient neuf autres petites boîtes, en forme de pommes minuscules, en laque d'or de différents tons. Jolie pièce du XVIII⁰ siècle.

Collection Colmet Daàge. N° 224.

120 — Petite boîte, de forme rectangulaire, en laque kinji, incrustée de métaux et ornée de laque rouge : bouquet de chrysanthèmes ; à l'intérieur, trois petites boîtes en laque kinji, à décor de feuilles d'érables. XVIII⁰ siècle.

70 millim. × 60 millim.

121 — Kobako, de forme rectangulaire et plate, en laque mura-nashiji, décoré en relief de laque rouge et en laque iroye togidachi : écran orné de personnages dansant. XVIII⁰ siècle.

80 millim. × 70 millim.

122 — Kobako, de forme rectangulaire et plate, en laque noir ro-iro, pavé de burgau, le couvercle portant une inscription.

90 millim. × 70 millim.

123 — Belle cantine de voyage, en laque noir ro-iro, ornée de pentures de cuivre, décorée au laque d'or, de motifs fleuris et d'armoiries.

Haut., 430 millim. ; larg., 400 millim.

124 — Petit flacon à parfums, en laque noir orné de burgau, représentant un papillon aux ailes éployées. XVIII⁰ siècle.

Larg., 65 millim.

Collection Colmet Daàge. N° 594.

125 — Jolie pochette à tabac et étui à pipe, en bois velouté, décorés en haut relief de laques divers : crabes, coccinelles et branches fleuries.

Pièce intéressante signée : **Kinjo Ikko Kusai**.

Collection Colmet Daâge. N° 417 et reproduite à ce catalogue.

126 — Masque de No, en bois laqué : type Manbi. XVIIIe siècle.

127 — Boîte, de forme cylindrique, en écaille brune, finement incrustée de nacre, décorée en haut relief, de motifs de rubans. XVIIIe siècle.

Diam., 45 millim.

128 — Table basse, de forme rectangulaire, en laque brun clair, largement décorée en incrustations de nacre, de bambous et de poésies. Début du XVIIIe siècle.

920 millim. × 350 millim.

129 — Coffre de daimyo pour le voyage, en laque noir ro-iro, orné de pentures de cuivre, finement ciselées : il est décoré, en léger relief de laque polychrome, de médaillons d'oiseaux. XVIIIe siècle.

650 millim. × 580 millim.

130 — Tabouret pliant, en bois laqué noir, décoré au laque d'or, de l'armoirie des Tokugawa et de rinceaux. Siège en cuir. XVIIIe siècle.

Collection du général Berlaut.

131 — Deux lanternes japonaises, pliantes, en laque noir ro-iro, ornées de pentures de cuivre.

132 — Koto, en bois laqué brun, décoré au laque d'or, de rinceaux entourant l'armoirie de la famille Arima. XVIIIe siècle.

Haut., 1 m. 30.

CHAPELLES

133 — Chapelle ouvrante, en laque noir ro-iro avec pentures de cuivre ciselé : à l'intérieur, le dieu Bishamon et deux assistants. XVIIe siècle.

Haut., 210 millim.

134 — Chapelle ouvrante, en laque noir ro-iro et pentures de cuivre ciselé : à l'intérieur, une figure de Kwannin sur le lotus, devant l'auréole Funagoku ; au revers une inscription.

Signée : **Jukuban Kodo**.

Haut., 180 millim.

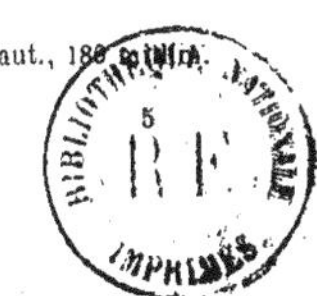

135 — Chapelle ouvrante, en laque noir ro-iro avec pentures de cuivre : à l'intérieur, une
petite figure de Kwannin sur un socle à gradins. XVIIIᵉ siècle.

Haut., 150 millim.

136 — Petite chapelle ouvrante, en laque noir ro-iro et pentures de cuivre ciselé : à l'intérieur, Kwannin devant la feuille de figuier. XVIIIᵉ siècle.

Haut., 90 millim.

137 — Reliquaire en laque rouge avec pentures de cuivre ciselé, représentant une pagode
surmontée de la perle sacrée, avec double socle en bois sculpté : le socle inférieur,
entièrement ajouré et polychromé, représente une scène de temple, le bonze frappant
sur le tambour.

Haut., 260 millim.

138 — Chapelle ouvrante, en laque noir ro-iro, avec pentures de cuivre ciselé : à l'intérieur,
trois statuettes en bronze, représentant des divinités posées sur des rochers.

Haut., 130 millim.

KUSHI

(PEIGNES)

139 — Peigne, de forme rectangulaire à pans coupés, en laque kinji, rehaussé de nacre, de
malachite et d'écaille et joliment décoré de branchages fleuris.

Signé : **Tatsuke.**

140 — Peigne, de forme rectangulaire, en laque kinji : oiseau sur une branche fleurie.
XVIIIᵉ siècle.

141 — Peigne, de forme rectangulaire à pans coupés, en laque kinji : branchages fleuris
et étoffe. XVIIIᵉ siècle.

Collection Colmet Daâge. Nᵒ 404.

142 — Peigne, de forme demi-circulaire, en laque kinji : branches fleuries. XVIIIᵉ siècle.

143 — Peigne, en bois naturel, décoré en puissant relief de laque d'or, d'un chrysanthème
en fleurs.

Peinture signée : **Hoitsu** ; *laque :* **Yoyusai.**

144 — Peigne, de forme demi-circulaire, en ivoire sculpté et ajouré, offrant un décor d'oiseaux et de branchages fleuris. XVIIIᵉ siècle.

145 — Peigne, de forme rectangulaire à pans coupés, en ivoire, décoré en relief de laque d'or et de laque rose : branche d'érable.

Signé : **Shinsai.**

Collection Colmet Daâge. Nᵒ 412.

146 — Joli peigne, de forme demi-circulaire, en laque kinji, rehaussé de petites perles : dragon dans les flots poursuivant le joyau sacré.

Signé : **Gyokusai.**

Collection Colmet Daâge. Nᵒ 403.

147 — Peigne, de forme rectangulaire à pans coupés, en écaille blonde, décoré en laque hira makiye de motifs fleuris.

KANZASHI

(ÉPINGLES DE COIFFURE)

148 — Épingle de chignon, en laque taka-makiye d'or, décorée de branches de pivoines. XVIIIᵉ siècle.

149 — Épingle de chignon, en laque kinji, décorée en laque rosé, de motifs fleuris. XVIIIᵉ siècle.

Collection des Goncourt. Nᵒ 550.

150 — Épingle de chevelure, en laque kinji, offrant un décor d'oiseaux et de bambous. XVIIIᵉ siècle.

Collection des Goncourt. Nᵒ 546.

151 — Épingle de chevelure, en laque d'or à fond mat kinji, rehaussé de nacre et de corail, décorée d'une fleur de cerisier. XVIIIᵉ siècle.

Collection des Goncourt. Nᵒ 546.

NETSUKE

Netsuke en bois.

152 — Champignon.

Signé : **Kigyoku**.

153 — Escargot sur une cosse de haricot.

Signé : **Gyokko**.

154 — Poissons et crevette.

Signé : **Hidenobu (Eichin)**.

155 — Van rempli de champignons sur lesquels arrive une souris.

Collection Hayashi. N° 1316.

156 — Pieuvre dans un piège, en forme de cloche. Inscription : une poésie de Basho.

Signature : **Mitsuhiro**.

157 — Grenouille sur un lotus.

Collection des Goncourt.

158 — Dieu de longévité.

Signé : **Hidemasa**.

159 — Poire nashiji dans son feuillage.

Signé : **Sékio**.

Collection des Goncourt. N° 974.

160 — Serpent enroulé sur lui-même.

Signé : **Keitoku**.

161 — Personnage à cheval.

Signé : **Gykusensai Tomochika**.

162 — Escargots et champignons.

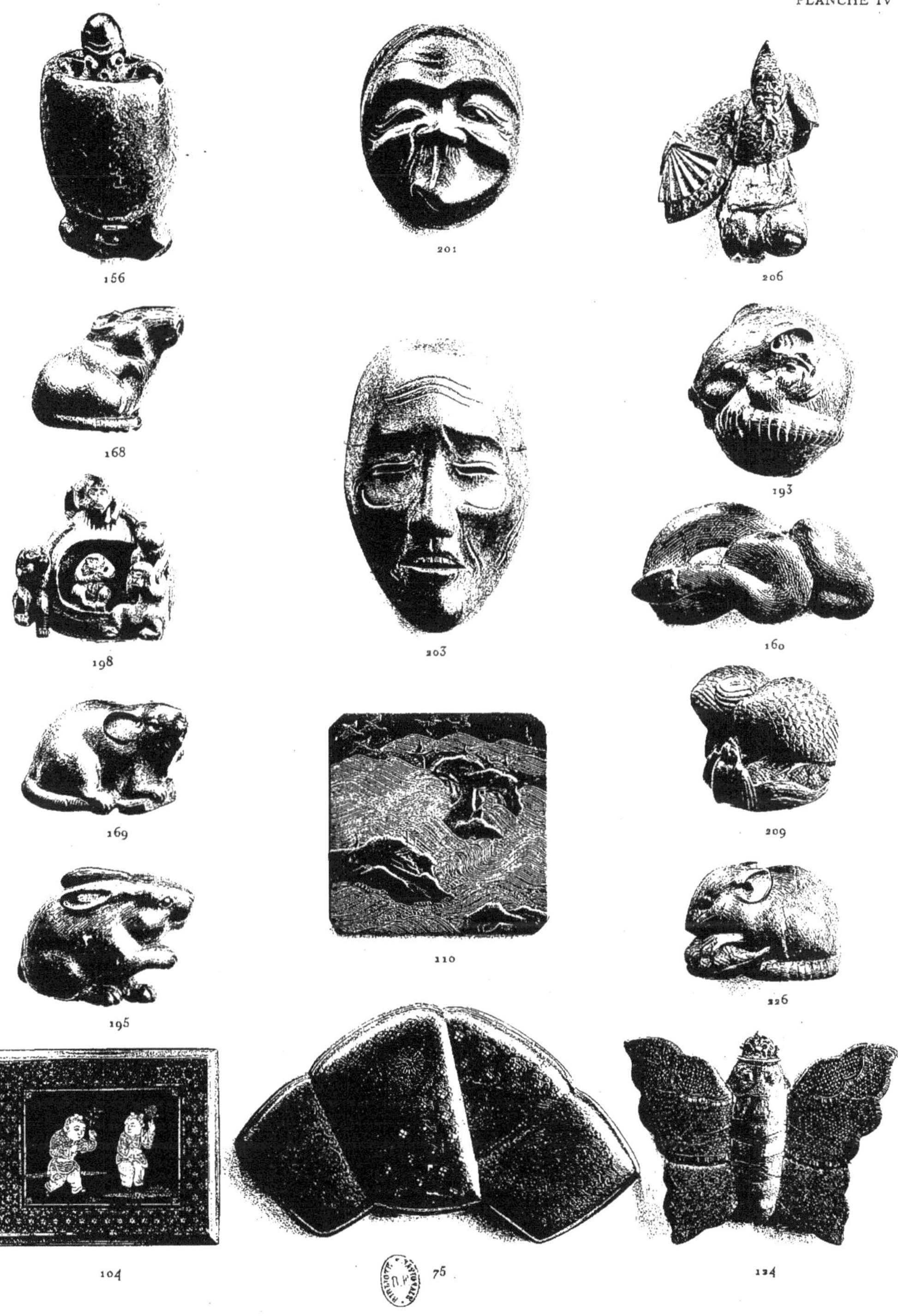

156
201
206
168
193
198
203
160
169
110
209
195
226
104
75
124

163 — Dragon enroulé sur lui-même.

Signé : **Tomochika**.

164 — Bœuf et enfant accroupi jouant de la flûte.

Signé : **Baïko**.

165 — Les deux coquilles d'une noix coupée; l'une d'elles laissant apparaître la chair incrustée d'ivoire.

Signé : **Sukenaga Riotchotcho**.

Collection des Goncourt. N° 968.

166 — Kiyohime sur une cloche, qu'elle s'efforce de briser.

167 — Crapaud.

Signé : **Masanao**.

Collection des Goncourt. N° 944.

168 — Souris. — *Reproduction, pl. IV.*

Signé : **Tomokazu**.

169 — Souris jouant avec un pion d'échecs. — *Reproduction, pl. IV.*

Signé : **Ichien**.

170 — Souris, la queue prise dans un coquillage qui s'est refermé sur elle.

Signé : **Miwa**.

Collection Hayashi. N° 1315.

171 — Colimaçon sur une noix ouverte, les chairs en ivoire.

Collection Hayashi. N° 1329.

172 — Dragon sortant d'une boîte.

173 — Kiyohime sur une cloche.

Signé : **Taitokudo**.

174 — Chèvre accroupie.

Signé : **Kokei**.

Collection Hayashi. N° 1296.

175 — Deux joueurs de go.

176 — Abeilles sur un fruit.

Signé : **Jitokusai**.

177 — Araignée sur un fruit.

178 — Personnage accroupi, jetant de la cendre pour hâter la floraison des arbustes.
Signé : **Gyokko.**

179 — Crapaud sur une sandale.
Signé : **Kokei.**

180 — Singe guettant un ver sortant d'une châtaigne.
Signé : **Massachika.**
Collection Hayashi. N° 1287.

181 — Sotoba Komachi, assise sur une souche.

182 — Chenille et châtaigne.
Signé : **Mitsuhiro.**

183 — Shoki servant d'arbitre dans un combat d'oni.

184 — Jeune femme en buste, la figure en ivoire.

185 — Jeune enfant se reposant, accroupi près de son panier.
Collection Gillot. N° 1778.

186 — Jouet représentant Daruma.
Signé : **Seiyusai.**

187 — Sculpteur de masques en laque d'or.

188 — Crapaud sur une souche.
Signé : **Masanao.**

189 — Crapaud sur une vannerie.
Signé : **Masanao.**
Collection Colmet Daâge. N° 558.

190 — Grenouille.
Signé : **Seiyodo Tomiharu.**

191 — Crapaud sur une sandale.
Signé : **Masatsugu.**
Collection des Goncourt. N° 977.

192 — Mouette posée.

193 — Souris en boule. — *Reproduction, pl. IV.*

   Signé : **Masanao.**

194 — Sanglier couché.

   Signé : **Masanao.**

   Collection Hayashi. N° 1297.

195 — Lapin aux aguets, une patte levée. — *Reproduction, pl. IV.*

   Signé : **Masayuki.**

   Collection des Goncourt. N° 950.

196 — Lapin couché.

   Signé : **Okusumi.**

   Collection des Goncourt. N° 964.

197 — Paysan endormi sur une natte.

   Collection Hayashi. N° 1276

198 — Famille de singes jouant dans une gigantesque châtaigne. — *Reproduction, pl. IV.*

   Signé : **Masayoshi.**

199 — Champignon.

200 — Masque.

   Signé : **Mede Ome.**

201 — Masque de personnage grimaçant. — *Reproduction, pl. IV.*

   Signé : **Chikuzan.**

202 — Masque d'Okame souriante.

   Signé : **Sukeyuki.**

203 — Masque de vieillard. — *Reproduction, pl. IV.*

204 — Gardien de temple, tressant une grande sandale.

   Signé : **Isshinsai.**

   Collection Gillot. N° 1778.

205 — Masque de Hiohoko en laque rouge.

   Collection Hayashi. N° 1334.

206 — Danseur de No, en bois sculpté et polychromé, de Nara. — *Reproduction, pl. IV.*

Signé : **Shuzan**.

207 — Bâton d'encre de Chine, en bois sculpté.

208 — Personnage accroupi et dormant.

Signé : **Masakazu**.

209 — Deux perdrix picorant des maïs. — *Reproduction, pl. IV.*

Signé : **Mitsukuni**.

210 — Quatre petites tortues sur une grosse tortue.

Signé : **Masakazu (Shoichi)**.

Collection des Goncourt. N° 945.

211 — Noix dans son feuillage.

212 — Couple de cailles au milieu de touffes de maïs, jetées sur une natte.

Signé : **Okatomo**.

Collection des Goncourt. N° 946.

213 — Oni sur un tambour.

214 — Crevette sur une coquille d'ormeau.

Signé : **Bokugyuken**.

215 — Frelon sur une feuille.

Signé : **Masanao**.

216 — Petit personnage accroupi, à tête branlante.

Signé : **Issan**.

Collection des Goncourt. N° 966.

217 — Frelon sur une noix.

Signé : **Ryusenski**.

218 — Noix dans son feuillage.

Signé : **Hidari Issan**.

219 — Petit personnage portant une grande botte.

Inscription : **Suimonowan Junin mai**. (Bols à soupe pour dix personnes.)

220 — Petit personnage en danseur de No, frappant sur un taiko; les chairs sont en ivoire.

Signé : **Toshikazu.**

221 — Petit personnage, debout et souriant, les mains aux oreilles. XVIIIe siècle.

Netsuke en ivoire.

222 — L'homme aux longs bras faisant l'acrobate.

223 — Pieuvre et coquillage : à l'intérieur du coquillage, un couteau.

Signé : **Hidemasa.**

224 — La déesse Benten Sama jouant du koto, l'instrument posé sur le dos d'un dragon.

Signé : **Ikkosai.**

Collection des Goncourt. N° 1001.

225 — Personnages et lotus.

226 — Souris et maïs. — *Reproduction, pl. IV.*

Signé : **Mitsukuni.**

227 — Grelot de temple.

228 — Personnage endormi.

229 — Daikoku et souris.

Signé : **Ikkosai.**

230 — Frelon sur une feuille.

Inscription en caractères sanscrits.

Netsuke Boutons.

231 — Netsuke bouton en ivoire, incrusté d'or et d'argent : personnage accroupi près d'une jarre à sake.

Signé : **Ryumin.**

232 — Netsuke bouton en bois, avec plaque de shibuichi incrusté d'or : corbeaux au clair de lune.

233 — Netsuke bouton en ivoire, avec applications de shibuichi, malachite et écaille : personnage et dragon.

Signé : **Ryumin.**

234 — Netsuke bouton en argent ciselé et ajouré de motifs fleuris.

235 — Netsuke bouton en ivoire, avec plaque en shibuichi ciselé : le dieu de la longévité regardant un makimono.

Signé : **Ryumin.**

236 —- Netsuke bouton en laque brun, décoré au laque d'or, de branches de chrysanthèmes.

237 — Netsuke bouton en bois naturel, décoré au laque d'or, d'une tortue.

Signé : **Naganaru (Eiji)**

238 — Netsuke bouton en ivoire, avec plaquettes en or gravé de l'Empereur Kwanyu, assis près d'un serviteur.

Signé : **Shuraku.**

239 — Netsuke bouton en bambou sculpté, orné d'une plaquette en ivoire, décorée du caractère de longévité.

240 — Netsuke bouton en fer, incrusté de métaux divers : écureuil et branches de vignes.

241 — Petit modèle de pistolet, le canon en fer niellé d'or et d'argent, à décor de libellules et de caractères : monture en écaille. XVIIIe siècle.

242 — Netsuke bouton en bambou, décoré en laque noir, d'un scarabée.

243 — Plaque de netsuke en shibuichi incrusté d'or, décoré d'un vol d'oies au clair de lune.

OBJETS EN FER

244 — Koro, de forme sphérique, tripode, en fer repoussé de dragons poursuivant le dragon sacré.

Signé : **Myochin Munesuke.**

Larg., 110 millim.

245 — Koro, de forme sphérique, tripode, en fer repoussé, à décor de dragons dans les nuages.

Signé : **Myochin Ki Muneaki.**

Larg., 110 millim.

246 — Boîte, de forme lenticulaire, en fer, gravée au trait, de papillons et de motifs fleuris. XVIIIe siècle.

Diam., 70 millim.

247 — Boîte, de forme lenticulaire et aplatie, en fer repoussé, à decor de fleurs stylisées.

Cachet : **Masuyuki**.

Diam., 550 millim.

248 — Boîte, de forme lenticulaire, en fer repoussé d'un dragon.

Signé : **Myochin**.

Larg., 90 millim.

249 — Koro, de forme cylindrique, en fer repoussé et incrusté de métaux divers : couple d'oiseaux Ho, reposant sur un rocher, au bord des flots écumants.

Signé : **Myochin Muneharu**.

Haut., 70 millim.

250 — Boîte, de forme lenticulaire, en fer repoussé d'un dragon dans les nuages.

Signé : **Yukichika**.

Diam., 70 millim.

251 — Boîte, de forme carrée, le couvercle repoussé en haut-relief, d'un masque de Hannya.

Signé : **Yoshinobu**.

Larg., 105 millim.

252 — Boîte, de forme plate et cylindrique, en fer repoussé, décorée d'un pèlerin assis sur un rocher, contemplant le Fuji.

Signée : **Ryuko**.

Diam., 120 millim.

253 — Boîte, de forme lenticulaire, en fer repoussé de deux oiseaux et de motifs fleuris. Fin du XVIIIe siècle.

Diam., 90 millim.

254 — Boîte, en fer doublé d'argent, représentant une coiffure de cour.

Haut., 150 millim.

255 — Boîte en fer, de forme analogue à la précédente. XVIIIe siècle.

Haut., 100 millim.

256 — Ornement, en fer, imitant une fleur et des feuilles de camélia. XVIIIe siècle.

Collection S. Bing. N° 553 (reproduite à ce catalogue).

Long., 120 millim.

257 — Perdrix, en fer martelé et articulé. XVIIIe siècle. — *Reproduction, pl. V.*

Long., 180 millim.

258 — Homard en fer, articulé.

Signée : **Masachika**.

Long., 220 millim.

259 — Petit crabe en fer, articulé. — *Reproduction, pl. V.*

Long., 140 millim.

260 — Petit homard en fer, articulé.

Signée : **Muneyoshi**.

Long., 230 millim.

261 — Bernard-l'ermite sortant de sa coquille, en fer articulé. XVIIᵉ-XVIIIᵉ siècle. — *Repro-duction, pl. V.*

Signée : **Myochin Munenaga**.

Long., 130 millim.

262 — Crevette en fer, articulée. XVIIᵉ-XVIIIᵉ siècle.

Signée : **Myochin**.

Long., 110 millim.

263 — Crevette en fer, articulée. Même époque que la précédente. — *Reproduction, pl. V.*

Signée : **Myochin**.

Long., 140 millim.

264 — Sauterelle en fer, articulée.

Signée : **Yatsukuchi**.

Long., 130 millim.

265 — Mante religieuse en fer, articulée. XVIIIᵉ siècle.

Long., 100 millim.

266 — Mante religieuse en fer, articulée.

Collection Colmet-Daage. Nº 599.

Long., 100 millim.

267 — Libellule en fer niellé d'or. XVIIIᵉ siècle.

Long., 60 millim.

268 — Libellule en fer incrusté de cuivre. XVIIIᵉ siècle.

Long., 70 millim.

269 — Libellule en fer. XVIIIᵉ siècle.

Long., 40 millim.

270 — Frelon en fer ciselé, articulé. XVIIIᵉ siècle.

Larg., 60 millim.

271 — Mouche en fer. XVIIIᵉ siècle.

Long., 20 millim.

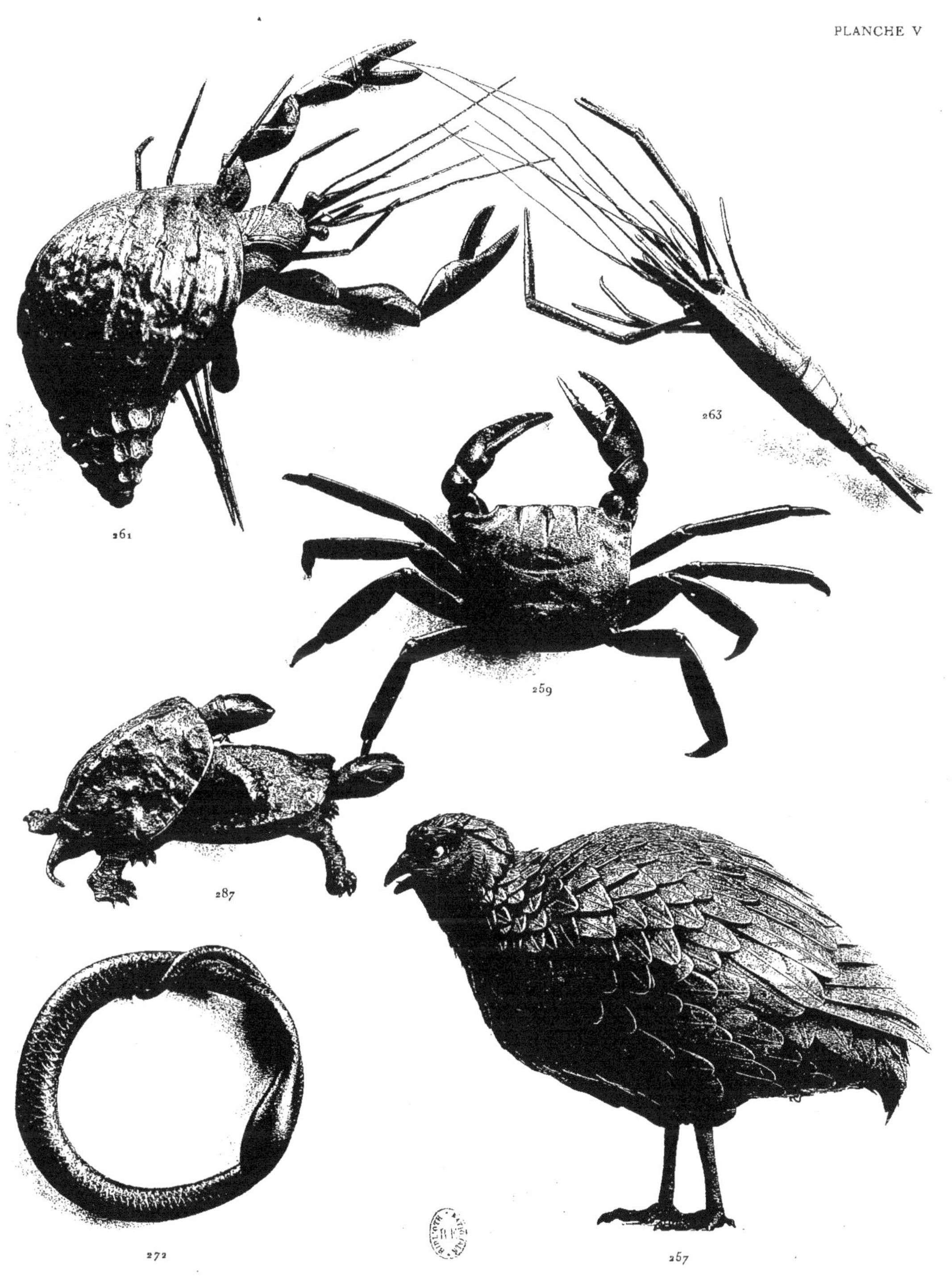
263
261
259
287
272
257

272 — Ornement en fer, représentant un serpent enroulé sur lui-même.

273 — Boîte en forme d'éventail, en fer damasquiné d'or et d'argent, décorée d'un paysage. Province d'Awa. XVIIIe siècle.

Larg., 100 millim.

274 — Boîte à secret, de forme rectangulaire, en fer damasquiné d'argent, décorée de caractères de longévité et de motifs fleuris. XVIIe-XVIIIe siècle.

Larg., 90 millim.

275 — Boîte en fer, de forme lenticulaire, damasquinée d'argent, à décor de dragons et de rosaces. XVIIe-XVIIIe siècle.

Diam., 90 millim.

276 — Boîte, de forme lobée, en fer finement damasquiné d'or et d'argent, décorée de trois cigognes et d'arbustes en fleurs. Province d'Awa.

Cachet : **Komai**

Larg., 70 millim.

277 — Boîte couverte et son plateau, en fer damasquiné d'argent, à décor de palmettes et de motifs fleuris. Travail de Bidri (Inde). XVIIe siècle.

278 — Boîte, de forme irrégulière, en fer damasquiné d'argent, à décor de palmes. Travail de Bidri (Inde). XVIIe siècle.

Long., 140 millim.

279 — Boîte de forme rectangulaire, offrant un même décor.

Long., 50 millim.

280 — Paire d'étriers, en fer incrusté d'argent, à décor de motifs floraux et de crabes.

Signées : **Kunihisa, habitant Kanazawa**.

281 — Ornement de casque, en fer repoussé d'un lapin sur un croissant de lune.

Larg., 380 millim.

282 — Pochette à tabac, en fer avec applications de shakudo, à décor de caractères signifiant patience.

Cachet : **Mitsuyoshi**.

Collection Colmet-Daage. N° 159.

283 — Vase, de forme cylindrique, en fer damasquiné d'or et d'argent, décoré d'un jeté d'éventails sur fond de grecques. Province d'Awa.

Haut., 150 millim.

284 — Base de chandelier, en fer incrusté d'argent, à décor de fleurettes. Perse. XVIIe siècle.

Haut., 220 millim.

OBJETS EN BRONZE

285 — Groupe de trois tortues, en bronze de patine brune. Cire perdue.

Cachet : **Nogami Ryuki**.

Long., 220 millim.

286 — Groupe de deux tortues, en bronze de patine brune. Cire perdue.

Signé : **Seimin**.

Long., 130 millim.

287 — Groupe analogue au précédent. Cire perdue.

Signé : **Seimin**.

Long., 100 millim.

288 — Tortue marchant, en bronze de patine claire. Cire perdue.

Signée : **Seimin**.

Long., 60 millim.

289 — Petite chapelle ouvrante, en shibuichi, contenant intérieurement une statuette en or ciselé, représentant le Bouddha assis.

Haut., 55 millim.

290 — Statuette, en or, représentant Yamantaka assis sur une chimère, cette dernière reposant sur le lotus. Thibet. XVIIIᵉ siècle.

Haut., 45 millim.

IVOIRES

291 — Boîte plate, en ivoire, décorée en laque polychrome, de poupées et d'attributs variés. XVIIIᵉ siècle.

50 millim. × 40 millim.

292 — Boîte très plate, en ivoire, décorée au laque d'or, de branchages fleuris: à l'intérieur, deux autres petites boîtes, offrant un décor analogue. XVIIIᵉ siècle.

50 millim. × 40 millim.

293 — Boîte plate, en ivoire, représentant un écran, décorée au laque d'or, de motifs floraux.

294 — Boîte plate, en ivoire, décorée au laque d'or, d'un vol de moineaux dans les bambous.

55 millim. $\times$ 40 millim.

295 — Boîte lenticulaire, en ivoire, décorée au laque d'or, des sept dieux du bonheur : au revers, grues et tortues.

Signée : **Tachibana Gyokuzan.**

Diam., 40 millim.

296 — Ornement, en ivoire, sculpté d'un fruit dans son feuillage.

Signé : **Ranitsu.**

Long., 40 millim.

297 — Boîte, en ivoire polychromé, de forme irrégulière, très finement ajourée d'un médaillon stylisé et de branches de lotus. Travail chinois du XVIIIe siècle.

Larg., 90 millim.

Collection des Goncourt. N° 410.

298 — Ornement en forme de sphère, en ivoire polychromé, sculpté et ajouré de chauves-souris dans les nuages. Travail chinois du XVIIIe siècle.

Diam., 80 millim.

Collection des Goncourt. N° 410.

299 — Petite plaquette, en ivoire de narval ambré, décorée de caractères de longévité et de rinceaux fleuris.

Long., 170 millim.

300 — Boîte, de forme rectangulaire, en ivoire patiné, décorée au laque d'or, de branches fleuries : à l'intérieur, une petite boussole.

Larg., 45 millim.

PIERRES DURES DE LA CHINE

Jades.

301 — Brûle-parfums, la panse sphérique, en jade céladonné, moucheté de gris. Il est sculpté et ajouré de motifs floraux et de dragons salamandres formant anses. Couvercle en bois, surmonté d'un bouchon de cornaline. XVIIe siècle.

Diam., 110 millim.

302 — Plaquette montée en écran, en jade céladonné, très finement sculptée et ajourée de dragons et d'oiseaux au milieu de branchages fleuris. Monture en bois sculpté. XVIIe siècle.

Haut., 210 millim.

303 — Écran formé d'une plaque de jade céladonné, très finement sculpté d'un personnage en barque, sous un pin. Encadrement en bois sculpté, le verso formant glace. XVIIIe siècle.

Haut., 200 millim.

304 — Bol couvert, en jade céladonné, finement évidé. XVIIIe siècle.

Diam., 115 millim.

305 — Plaquette, de forme rectangulaire, en jade blanc céladonné, finement sculptée sur les deux faces, de scènes à personnages et d'habitations sous les pins. XVIIIe siècle.

Long., 165 millim.

306 — Trois tasses, finement évidées, en jade blanc céladonné. XVIIIe siècle.

Diam., 75 millim.

307 — Boîte, de forme lenticulaire, en jade blanc céladonné, très finement sculptée sur le couvercle, d'une rosace stylisée.

Époque **Kienlong**.

Diam., 75 millim.

308 — Coupe à eau, en jade blanc céladonné, finement ajourée, représentant une pêche de longévité dans son feuillage. XVIIIe siècle.

Larg., 105 millim.

309 — Coupe, de forme et de décor analogue.

Larg., 90 millim.

310 — Coupe à eau, de forme sphérique, en jade céladonné, taché de brun, sculptée de deux dragons salamandres, encadrant le médaillon « cheou ». XVIIIe siècle.

Diam., 75 millim.

311 — Boîte, de forme ovale, en jade céladonné, le couvercle sculpté en haut relief, d'un dragon salamandre. XVIIIe siècle.

Larg., 60 millim.

312 — Ornement, en forme d'une feuille, finement évidée, en jade céladonné. Pièce faite pour la Perse.

Long., 110 millim.

313 — Coupe, en jade blanc céladonné, taché de vert émeraude, sculptée d'un poisson et d'une grenouille posés sur une feuille de lotus, aux bords enroulés.

Larg., 95 millim.

314 — Double coupe plate, en jade céladonné, sculptée de fleurs et de feuilles de lotus, aux bords enroulés. XVIIIe siècle.

Larg., 180 millim.

315 — Boîte, de forme rectangulaire, à trois compartiments, en jade vert taché d'émeraude et de noir, sculptée de motifs floraux. Chaque compartiment est orné de deux anses en forme de grecques avec anneaux mobiles pris dans la masse. XVIIIe siècle.

Haut., 90 millim.

316 — Tasse et son présentoir, en jade pi-yu finement évidé. XVIIIe siècle.

Diam., 170 millim.

317 — Boîte, de forme lenticulaire, en jade vert mousse, sculptée sur le couvercle, d'une rosace fleurie. XVIIIe siècle.

Diam., 80 millim.

318 — Plaque cintrée, en jade céladonné, finement sculptée de rosaces fleuries et de pétales de lotus. XVIIIe siècle.

Diam., 120 millim.

319 — Plaque sonore, de forme irrégulière, en jade pi-yu, sculptée de grecques et de motifs floraux. XVIIIe siècle.

Larg., 200 millim.

320 — Boîte, de forme ovale, le couvercle en jade céladonné, sculptée d'un couple d'oiseaux sous un pin. La monture est en émail cloisonné, à décor de fleurettes polychromes.

Diam., 70 millim.

321 — Ornement, en forme d'une boucle, en jade blanc céladonné, sculpté de deux dragons et de papillons et gravé de poésies. XVIIIe siècle.

Larg., 60 millim.

322 — Deux anneaux de ceinture, en jade blanc céladonné, sculptés de motifs floraux. XVIIIe siècle.

Larg., 60 millim.

323 — Pendentif, de forme rectangulaire, en jade blanc céladonné, finement sculpté et ajouré de caractères « cheou » et de dragons stylisés.

Larg., 60 millim.

324 — Deux ornements, en forme d'une fleur stylisée, en jade blanc céladonné.

325 — Écran, en bois sculpté et ajouré, orné de deux plaques en jade céladonné, sculpté et ajouré de dragons, d'oiseaux et de motifs floraux.

Haut., 280 millim.

326 — Flacon tabatière, en jade céladonné, sculpté d'un fruit dans son feuillage sur lequel
est posé un insecte.

327 — Important collier, en jade vert émeraude, formé de plaquettes et de perles, avec
monture or.

328 — Plateau, de forme carrée, en bois naturel, orné de quatre plaquettes de jade pi-yu,
sculptées de chauves-souris et de caractères « cheou » : sur le plateau, sont disposés
douze ornements, en forme de cachets cubiques surmontés des divers animaux du
zodiaque.

329 — Écran formé d'une plaque, en jade vert de mer, sculptée sur une face, d'un paysage
planté de pins, au milieu desquels se promènent le dieu de la longévité accompagné de
son chélah. Au revers, gravée d'un décor de pagodes dans un paysage de collines.
XVIIIe siècle.

270 millim. × 140 millim.

330 — Poignard oriental, la poignée en jade, la lame damasquinée et incrustée d'or. Four-
reau en argent, à décor de fleurettes. XVIIIe siècle.

Cristaux de roche.

331 — Vase couvert, de forme balustre, en cristal de roche, sculpté d'oiseaux et de motifs
floraux. L'épaulement est orné de deux anses mascarons avec anneaux mobiles pris dans
la masse. XVIIIe siècle.

Haut., 140 millim.

332 — Statuette de Kwannin, en cristal de roche.

Haut., 120 millim.

333 — Boîte écritoire, en cristal de roche, sculptée d'un citron digité dans son feuillage.
XVIIIe siècle.

Larg., 110 millim.

334 — Ornement, en forme d'un cachet, en cristal de roche, sculpté de branchages fleuris.

Haut., 60 millim.

335 — Flacon tabatière, en cristal de roche, sculpté de motifs floraux.

336 — Cupule, finement évidée, en améthyste.

Diam., 50 millim.

337 — Paire de lunettes de mandarin, les verres en cristal de roche fumé.

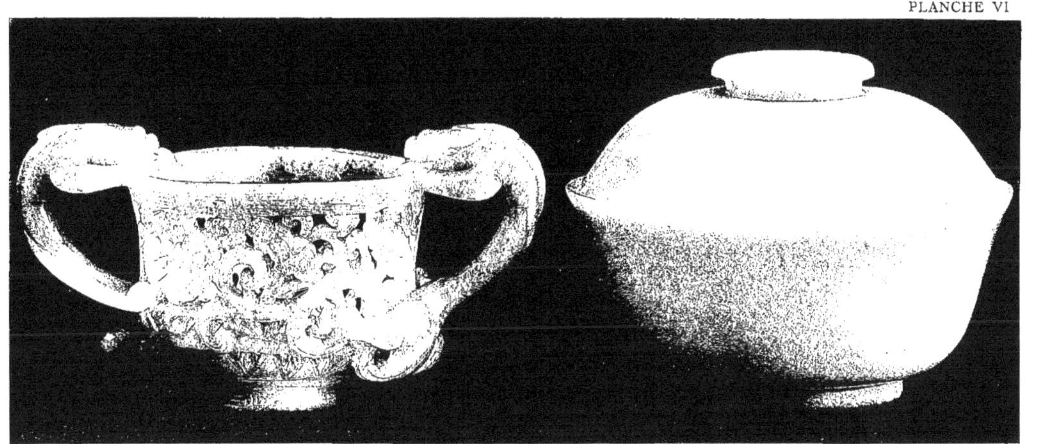

3o1

3o4

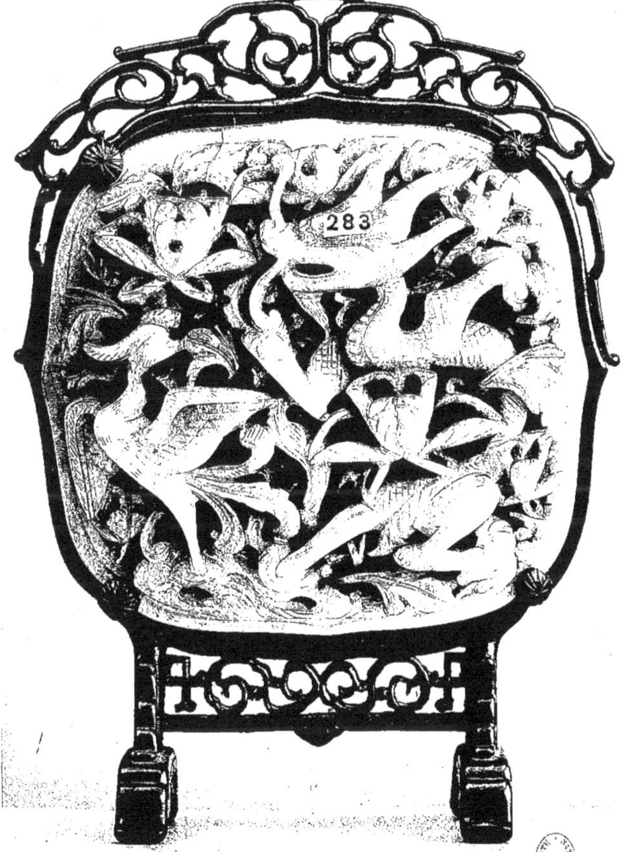

3o2

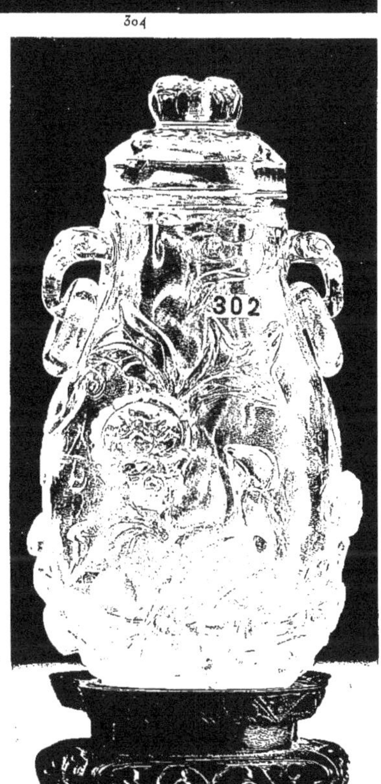

33₁

Agates.

338 — Coupe, de forme ovale et lobée, en agate grise, rubanée blanc, finement évidée.

Larg., 175 millim.

339 — Flacon tabatière, en agate grise, sculpté en haut relief dans une veine brune, de trois singes poursuivant un cheval.

340 — Flacon tabatière, en forme d'un fruit dans son feuillage, en calcédoine blanche et rouge.

Pierres diverses.

341 — Ornement, en stéatite ambrée, de belle qualité, sculpté de dragons salamandres se poursuivant. XVIIIᵉ siècle.

Larg., 90 millim.

342 — Coupe, en stéatite brune, sculptée sur le pourtour, des cent caractères « cheou ». XVIIIᵉ siècle.

Diam., 170 millim.

343 — Vase à eau, en stéatite céladonnée, tachée de noir, sculpté d'un fruit dans son feuillage. XVIIIᵉ siècle.

Larg., 70 millim.

344 — Boîte à opium, de forme cubique, en corne, gravée de motifs floraux et de caractères.

Haut., 45 millim.

345 — Boîte à opium, de forme cylindrique, en ivoire, le couvercle orné d'une plaquette de jade taché de vert émeraude.

Haut., 60 millim.

346 — Coupe, de forme ovale et lobée, en stéatite brune, offrant un décor de caractères. XVIIIᵉ siècle.

Larg., 190 millim.

347 — Ornement, en forme d'une cloche, en stéatite brun ambré, avec pendentif en jade blanc céladonné.

Haut., 160 millim.

348 — Ornement, en encre de Chine, sculpté et polychromé, représentant un coq posé sur un tambour de guerre, ce dernier gravé de dragons poursuivant le joyau sacré au milieu des nuages.

Haut., 190 millim.

349 — Statuette, en encre de Chine, représentant un personnage debout sur un bœuf, tenant une flûte à la main.

Haut., 150 millim.

PIPES A OPIUM ET ACCESSOIRES DE FUMERIE

550 — Très belle pipe à opium formée d'un bambou clair, les embouchoirs en ivoire, les garnitures en argent damasquiné d'or, finement ciselées et ajourées de dragons poursuivant le joyau sacré au milieu des flots. Fourneau, en poterie cerclée d'or et orné d'une monture en argent ciselé, offrant un décor analogue.

551 — Pipe à opium, en bambou, les embouchoirs en jade, la monture en cuivre blanc.

552 — Pipe à opium, en bambou clair, la monture en bronze argenté. Embouchures en jade.

553 — Importante pipe à opium, en cuivre ciselé, décorée en haut relief de crabes, de poissons et d'attributs bouddhiques. Embouchoirs en ivoire.

554 — Pipe à opium du Yunan, en bambou, la monture en cuivre blanc, ornée de cabochons de jade, aigue-marine, tourmaline, etc.... Embouchoirs en jade blanc mauvé.

555 — Pipe à opium, en bambou, la monture en argent ciselé de dragons. Les embouchoirs en ivoire. Fourneau en poterie brune, décoré d'oiseaux émaillés vert.

556 — Pipe à opium, en bambou, la monture en argent ciselé. Embouchoirs en ivoire.

557 — Pipe à opium formée d'une racine de bambou, avec monture en argent ciselé d'une tête de dragon et de motifs floraux.

558 — Pipe à opium, en bois des îles, la monture en argent ciselé de dragons et de caractères. Embouchoirs en ivoire.

559 — Pipe à opium, en bambou, la monture en argent, les embouchoirs en ivoire sertis d'une bague en émaux cloisonnés.

560 — Pipe à opium, en bambou clair du Yunan, la monture en cuivre blanc, ornée de cabochons de jade et de tourmaline. Embouchoirs en jade.

561 — Pipe à opium, en bois écaille, avec embouchoirs en ivoire. .

562 — Pipe à opium, en bambou, la monture en argent cerclé de dragons. Embouchoirs en jade.

563 — Pipe à opium, en bambou, les embouchoirs en ivoire, la monture en cuivre blanc.

564 — Pipe à opium, en bois écaille, niellé d'argent, à décor d'attributs et de caractères. Monture en cuivre blanc et embouchoirs en ivoire.

565 — Pipe à opium, en bambou, la monture en cuivre blanc, gravée de médaillons de fleurs. Embouchoirs en ivoire.

566 — Pipe à opium, en bois écaille, orné de bagues à émaux polychromes. Monture en argent ciselé et embouchoirs en ivoire.

567 — Pipe à opium, en bambou annelé, la monture en cuivre blanc, les embouchoirs en ivoire.

568 — Pipe à opium, en émail cloisonné chinois, à fond bleu, décorée en émaux polychromes, de vases fleuris : embouchoirs en ivoire, l'un d'eux portant le fourneau, sculpté en forme de main.

569 — Pipe à opium, en bambou, la monture en bronze argenté, ornée d'une chauve-souris. Embouchoirs en ivoire.

570 — Pipe à opium, en porcelaine à fond jaune, décorée en émaux polychromes, de motifs floraux sur un fond de grecques bleu.

571/576 — Collection de très beaux fourneaux de pipe à opium, en jade, ivoire, poterie, etc.... sculptés et gravés, décorés d'émaux polychromes. (*Seront divisés.*)

577 — Pipette japonaise, en argent ciselé de dragons poursuivant le joyau sacré au milieu des nuages.

578/585 — Huit pipettes japonaises, en bambou, avec monture en métal argenté et émaux cloisonnés. (*Seront divisées.*)

586 — Lampe de fumerie, la monture en argent, finement ciselée de dragons poursuivant le joyau sacré au milieu des nuages. Verre partiellement dépoli, à décor de caractères. Cette lampe accompagne la pipe n° 550 du catalogue.

587 — Lampe de fumerie, la base en émail de Canton à fond jaune, décorée en émaux polychromes, de médaillons de paysages, de personnages et de motifs floraux.

588 — Lampe de fumerie pour visite, en cuivre avec chaîne et garniture de protection.

589 — Lampe de fumerie, en émail cloisonné chinois, à fond bleu turquoise, décorée en émaux polychromes, de bouquets de fleurs variées.

590/599 — Importante collection de dix-huit lampes de fumerie, en cuivre blanc, finement ajourées de grecques et de motifs floraux. (*Seront divisées.*)

ÉTOFFES

Chine.

400 — Pièce de tissus pour robe, en soie tissée à fond vert, à décor de nuages.

Larg., 700 millim.

401 — Panneau, en satin rouge, décoré en broderie or et broderie polychrome, de deux dragons poursuivant le joyau sacré au milieu des nuages, au-dessus des flots. XVIIIe siècle.

1 m. 60 × 850 millim.

402 — Portière, en satin rouge, décorée en broderie polychrome et broderie or, du dieu de la longévité accompagné de deux jeunes serviteurs, de frises de dragons et de fong hoang. XVIIIe siècle.

2 m. 50 × 1 m. 30.

403 — Casaque, en soie tissée, à fond bleu, décorée de médaillons de fleurs. Garniture de galons en soie crème, brodée en polychromie, d'oiseaux et de motifs floraux. XVIIIe siècle.

404 — Robe, en kosseu, à fond bleu, décorée en polychromie et or, de dragons poursuivant le joyau sacré au milieu des nuages, au-dessus des flots. XVIIIe siècle.

405 — Belle et importante robe, en satin bronze, décorée en broderie polychrome (point de Pékin), de papillons et de larges rosaces de fleurs. A la base, un décor de vagues écumantes, de chauves-souris et de motifs floraux. XVIIIe siècle.

406 — Robe ouatinée, en kosseu, à fond bleu, décorée en polychromie et or, de dragons sortant des flots, poursuivant le joyau sacré au milieu des nuages.

407 — Robe, en étamine, à fond rouge, tissée en polychromie, de motifs floraux.

408 — Belle et importante robe de cour, en satin bleu, tissé et lamé or, décorée de dragons impériaux poursuivant le joyau sacré au milieu des nuages, au-dessus des flots. XVIIIe siècle.

409 — Robe, en kosseu, à fond bleu, décorée en polychromie, d'oiseaux et de motifs floraux : à la base, un décor de vagues.

410 — Robe, en satin rouge, décorée en broderie polychrome (point de Pékin), d'un semis de bouquets de fleurs. XVIIIe siècle.

411 — Paire de pantalons, en soie brochée, à fond vert, à décor de fleurs. Ils sont ornés de galons bleu, à décor floral.

412 — Lambrequin, en soie à fond beige, décoré en broderie polychrome, de médaillons de fleurs.

880 millim., × 450 millim.

413 — Panneau, en satin à fond rose, décoré en broderie bleu et or, de dragons poursuivant le joyau sacré, d'oiseaux et d'attributs. XVIIIe siècle.

900 millim., × 680 millim.

414 — Quatre broderies chinoises variées (bandes de manche et coussin).

415 — Trois écrans chinois, en soie peinte, décorés en polychromie, de scènes à personnages; les faces en ivoire.

Japon.

416 — Obi, en soie à fond beige, tissée en polychromie et lamée or : motifs floraux. XVIIIe siècle.

417 — Obi, en soie tissée à fond bleu turquoise, décoré en brun clair, d'une stylisation florale. XVIIIe siècle.

418 — Obi, en soie tissée, à fond brun tabac, décoré en clair, d'une stylisation florale. XVIIIe siècle.

419 — Obi, en soie tissée, à fond abricot, décoré en blanc et brun, d'oiseaux et de motifs floraux. XVIIIe siècle.

420 — Obi, en soie tissée à fond gris ardoise, décoré en bleu, violet et brun, de motifs floraux. XVIIIe siècle.

421 — Obi, à fond bleu turquoise, tissé et lamé or, à décor d'éventails et de motifs floraux.

422 — Sous-vêtement d'armure, en drap blanc, décoré en application de drap rouge, du mon des Ishimura. Parements et doublure en soie bleue, tissée en polychromie, d'un semis de fleurs.

423 — Sous-vêtement d'armure, en soie à fond bleu foncé, tissée et décorée en polychromie, d'un semis de fleurs et d'attributs.

424/429 — Collection de six coiffures de cour, variées, en soie tissée. (*Seront divisées.*)

430 — Panneau, en soie, à fond brique, tissée et lamée or, décoré d'armoiries des Tokugawa et de motifs floraux.

650 millim., × 600 millim.

431 — Panneau, en soie tissée à fond beige, décoré en brun, d'un semis floral.

900 millim., × 650 millim.

432 — Carré, en soie tissée, à fond brique, lamée or, décoré de dragons dans les nuages.

Larg., 650 millim.

433 — Deux panneaux, en soie tissée, à fond brique, lamée or, décorés en polychromie, de médaillons d'animaux et de fleurs.

920 millim., × 680 millim.

434 — Panneau, en soie tissée, à fond beige, lamée or, décoré en polychromie, d'un semis de fleurs.

950 millim., × 700 millim.

435/444 — Une collection de vingt-sept fragments d'étoffes japonaises anciennes, tissées ou brochées, offrant des décors variés. XVIIᵉ/XVIIIᵉ siècle. (*Seront divisés.*)

ESTAMPES

445 — Oban tateye. Deux jeunes femmes nobles viennent puiser de l'eau salée.

De la série : *Fuzoku Asuma no Nishiki* : Brocarts de l'Est.

Signée : **Kiyonaga egaku**.

Collection des Goncourt. Nᵒ 1235.

Pièce analogue à celle reproduite au catalogue Vignier-Inada. Nᵒ 12).

446 — Chuban. Jeune homme, une flûte à la main, passant devant les grillages d'une maison verte.

Signée : **Suzuki Harunobu egaku**.

Collection des Goncourt. Nᵒ 1220 (2).

447 — Chuban. Jeune homme cherchant à ravir une lettre à une jeune femme.

Signée : **Harunobu egaku**.

Collection des Goncourt. Nᵒ 1221.

448 — Chuban. Jeune femme rasant le crâne de Fukurokuju : à leur côté, une servante apportant un bol.

Signée : **Suzuki Harunobu egaku**.

Collection des Goncourt. Nᵒ 1223.

449 — Chuban. Jeune femme allongée à terre, gorge nue, venant d'allaiter son enfant qui s'endort. A leur côté, une vieille servante dévide des fils : un chat joue sous la vérandah.

Signé : **Harunobu egaku**.

Collection des Goncourt. N° 1223 (3).

450 — Chuban. Servante rasant la nuque d'une jeune fille, accroupie devant son miroir : derrière elle, un écran peint de paysans liant des gerbes.

Signé : **Suzuki Harunobu egaku**.

Collection des Goncourt. N° 1222 (2).

451 — Chuban. Jeune femme et fillette regardant des projections : par la baie entr'ouverte apparaît une jolie branche d'arbre en fleurs.

Signée : **Suzuki Harunobu egaku**.

Collection des Goncourt. N° 1223 (2).

452 — Chuban. Jeune femme rasant la nuque de son ami assis à ses côtés. Auprès d'eux, assise devant un hibashi, une fillette prépare le thé : par la baie entr'ouverte se voit un homme se hâtant sous la pluie.

Signée : **Harushiga egaku**.

Collection des Goncourt. N° 1220 (2).

453 — Oban tateye. Quatre planches, représentant de jeunes courtisanes à la promenade.

De la série *Wakana no Hatsumoyo* : Le décor des jeunes herbes.

Signée : **Eishi Zu.**
Éditeur : **Eijudo**

Collection des Goncourt. N° 1256.

454 — Oban tateye. Deux courtisanes et leurs kamuro.

Signée : **Eishi Zu**.
Éditeur : **Eijudo**.

455 — Triptyque oban tateye. Réunion de jeunes femmes devant une habitation : les unes donnant à manger aux oiseaux, les autres bavardant ou préparant le thé.

Signée : **Eishi egaku**.
Éditeur : **Senichi**,

Collection des Goncourt. N° 1262.

456 — Pentaptyque oban tateye. Un intérieur : au centre, un jeune daimyo joue de la flûte. accompagné de trois musiciennes, tandis que derrière un store transparent en lanières de bambou, la dame de la maison lui répond par les sons du koto : une jeune femme frappe un tsuzumi.

Signée : **Eishi Zu.**
Éditeur : **Eijudo**.

Collection des Goncourt. N° 1271.

457 — Triptyque oban tateye. Titre de l'estampe : Taiko Gosai Rakuto Yukwan no Zu : Taiko et ses cinq épouses picniquant à Rakuto (à Kyoto). Taiko Toyotomi Hideyoshi fait la fête à Higashiyama avec ses cinq femmes, leurs servantes et son favori Ishida Mitsunari. C'est, prétend-on, à cause de cette estampe où la Cour voulut voir un blâme aux mœurs du Shogunat, qu'Utamaro fut jeté en prison.

Signée : **Utamaro, fude.**
Éditeur : **Yamajin.**

Collection des Goncourt. N° 1389.
Catalogue Vignier-Inada, planche N° 98.

458 — Triptyque oban tateye. Dans un jardin, des jeunes femmes étendent, pour le sécher, un obi qu'elles viennent de laver. La figure d'une fillette apparaît en transparence.

Signée : **Utamaro, fude.**
Éditeur : **Yamada.**

Collection des Goncourt. N° 1376.
Pièce analogue reproduite dans le catalogue Manzi. N° 281 (2° vente).

459 — Oban yokoye. Six planches, certaines rehaussées, et à fond micacé. Scènes légères. École de Hokusai.

460 — Oban tateye. Acteur habillé en jeune femme; vêtu d'une robe à larges chrysanthèmes, il est assis, un éventail à la main.

Signé : **Toyokuni egaku.**

461 — Oban tateye. Deux estampes représentant les acteurs *Ichikawa Danjuro* et *Sawamura Tanosuke*.

Signées : **Kuniyasu** et **Toyokuni.**

462 — Triptyque oban tateye. Trois jeunes femmes sur une terrasse.

Signée : **Hiroshige egaku.**
Éditeur : **Ibasen.**

463 — Deux surimono : scènes à personnages.

Signés : **Yanagawa** et **Toyohiro.**

464 — Grand surimono sur fond argent. Le jeune Kintoki, se disposant à tuer une énorme carpe.

Signé : **Hokkei.**
Cachet : **Hokkei.**

Collection des Goncourt. N° 1418.

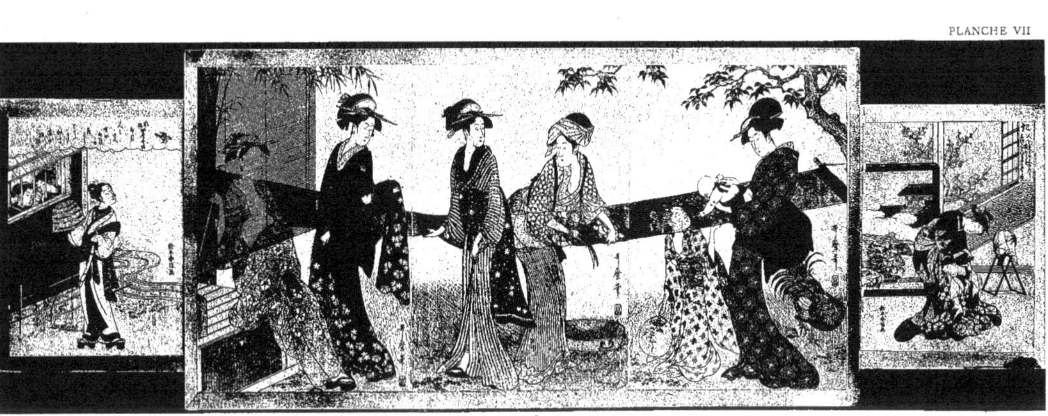

458

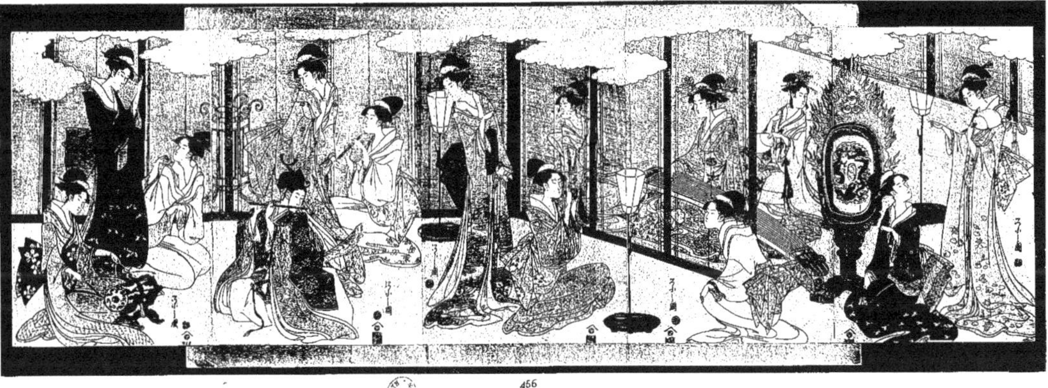

456

LIVRES ILLUSTRÉS

465 — Oban tateye. Douze estampes de la série *homei Bijin Mitate Tsushingura*. Les beautés les plus célèbres interprétant des scènes du Tsushingura (47 Ronin), réunies en un album. A la dernière planche, Utamaro s'est peint au milieu des femmes du Yoshiwara.

> *Signées :* **Utamaro fude.**
> *Éditeur :* **Omiya.**

Collection des Goncourt. N° 1397.

> *Notice manuscrite d'Edmond de Goncourt, signée.*

466 — *Seiro Ehon Nenju Gyoji* : Annuaire des Maisons vertes.

> *Signature de l'artiste :* **Kitagawa Sha Murasakiya Utamaro fude.**
> *Signature de l'auteur :* **Dippensha Ikku.**
> *Signature du graveur :* **Fuji Isso.**
> *Signature de l'imprimeur :* **Kakushodo Toemon.**
> *Signature de l'éditeur :* **Kazusaya Chusuke.**
> *Daté :* **4ᵉ année de Kyowa.**

2 vol. ill. en couleurs. Complet.

Collection des Goncourt. N° 1505.

> *Notice manuscrite d'Edmond de Goncourt, signée.*

467 — *Ehon Shiki no Hana.* Album des fleurs des quatre saisons.

> *Signature de l'artiste :* **Kitagawa Utamaro.**
> *Signature de l'éditeur :* **Izumiya Ichibei.**
> *Daté :* **13ᵉ année de Kwansei.**

2 vol. ill. en couleurs. Complet.

468 — Shioshi no Tsuto : Souvenirs de la marée basse.

> *Signature de l'artiste :* **Kitagawa Utamaro Zu.**
> *Éditeur :* **Tsutaya Juzaburo.**
> *Cachet :* **Hayashi.**

1 vol. ill. en couleurs. Complet.

Collection des Goncourt. N° 1500.

> *Notice manuscrite d'Edmond de Goncourt, signée.*

469 — *Momo Chidori Kyoka Awase* : Poésies humoristiques sur les oiseaux (les Cent crieurs).

> *Signature de l'artiste :* **Kitagawa Utamaro.**
> *Éditeur :* **Tsutaya Juzaburo.**

1 vol. (sur deux) ill. en couleurs. Tome II.

Collection des Goncourt. N° 1501 *bis*.

470 — *Ehon Mushi Erabi* : Album d'insectes choisis.

> *Signature de l'artiste* : **Kitagawa Utamaro fude**.
> *Éditeur* : **Tsutaya Juzaburo**.
> *Daté* : **Année du singe. de Temei**.

1 vol. ill. en couleurs.

471 — *Fugenzo* : Le portrait de Fugen (Promenades sous les cerisiers, dans les environs de Kyoto).

> *Signature de l'artiste* : **Kitagawa Utamaro egaku**.
> *Éditeur* : **Koshodo**.

1 vol. ill. en couleurs. Complet.

Collection des Goncourt. N° 1593.

Notice manuscrite d'Edmond de Goncourt, signée.

472 — Important album contenant des surimono à sujets légers. Attribués à Utamaro.

473 — *Ehon Imayo Sugata*. Album des mœurs contemporaines.

> *Signature de l'artiste* : **Utagawa Ichiyosai Toyokuni**.
> *Signature du graveur* : **Yamaguchi Seizo**.
> *Signature de l'éditeur* : **Izumiya Ichibei**.
> *Daté* : **2° année de l'ère de Kyowa**.

2 vol. ill. en couleurs. Complet.

Collection des Goncourt. N° 1505.

Notice manuscrite d'Edmond de Goncourt, signée.

474 — *Azuma Kyoku Kyoka Gojunin Ishu*. Portraits de cinquante poètes humoristiques de Yédo.

> *Signé* : **Kitao Denzo Masanobu**
> *Graveur* : **Seki Jiemon**.
> *Éditeur* : **Tsutaya Juzaburo**.
> *Daté* : **6° année de Temmei**.

1 vol. ill. en couleurs. Complet.

Collection des Goncourt. N° 1498.

Notice manuscrite d'Edmond de Goncourt, signee.

475 — *Imayo Sekkin Inagata*. Modèles de pipes et de peignes modernes.

> *Signature de l'artiste* : **Zen Hokusai Iitsu**.
> *Signature du graveur* : **Egawa Tomekichi**.
> *Signature de l'éditeur* : **Kado Maruya Jinsuke** et **Nishimuraya Yohachi**.
> *Daté* : **6° année de Bunsei**.

2 vol. ill en noir. Complet.

476 — *Hokusai Mangwa*. La Mangwa d'Hokusai.

> *Signée* : **Katsushika Hokusai fude**.
> *Éditeur* : **Eirakuya Toshiro, à Nagoya**.

14 vol. ill. en noir et beige. Complet.

Collection des Goncourt. N° 1533.

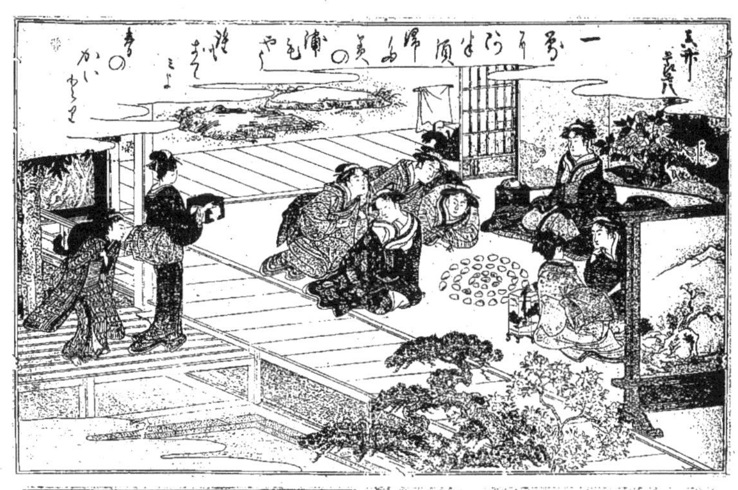

468

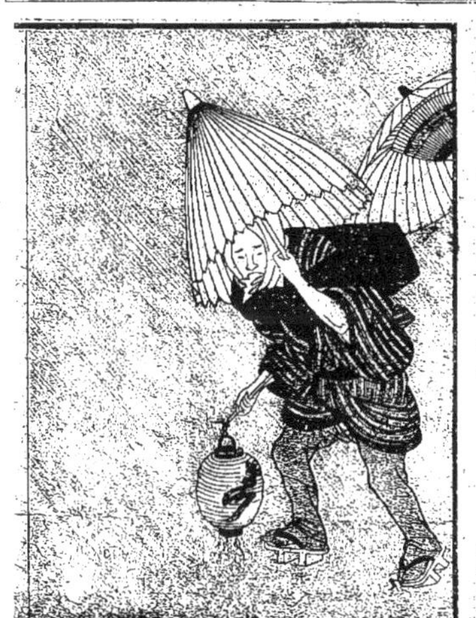

467

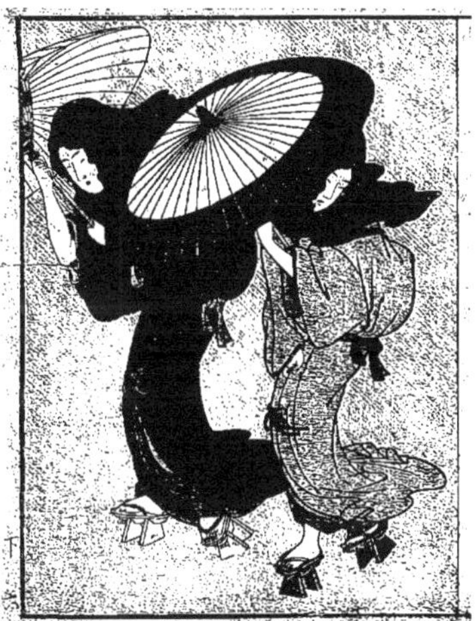

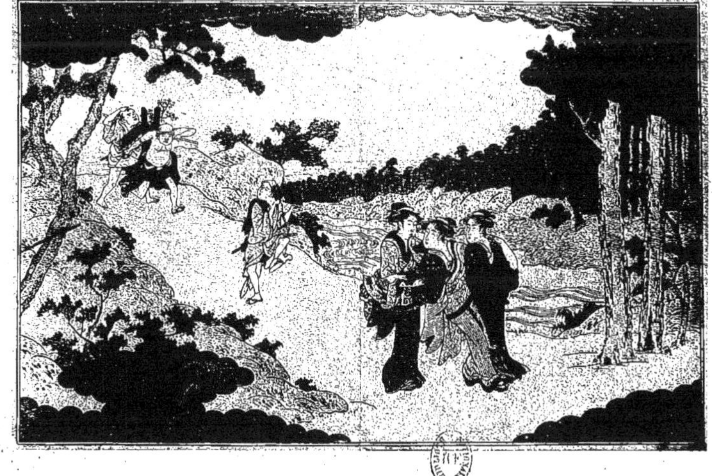

471

477 — Album formé des estampes contrecollées de la série des endroits célèbres de Yédo, par Hokusai.

Signé : **Hokusai Shinsei.**
Graveur : **Ando Enshi.**
Éditeur : **Kawachiya Mohei.**
Daté : **11ᵉ année de Tempo.**

Collection des Goncourt. N° 1507.

478 — *Keisai Sogwa.* Croquis de Keisai.

Auteurs : 1ᵉʳ vol. : **Keisai (Kitao);** 2ᵉ vol. **Baitei Kwakei;** 3ᵉ vol. **Keisai (Eisen);** 4ᵉ vol. : **Raien Genki;** 5ᵉ vol. **Keisai (Eisen).**
Éditeur : **Eirakuya Toshiro, à Nagoya.**

5 vol. ill. en couleurs. Complet.

Collection des Goncourt. N° 1554.

Annotation signée d'Edmond de Goncourt, signalant que l'ouvrage provient de la collection Ph. Burty.

479 — *Ehon Noyamagusa.* Album des herbes.

Signature de l'artiste : **Kosoken Tachibana Yasukuni.**
Signature de l'éditeur : **Yanagiwara Kihei.**
Daté : **3ᵉ année de Bunkwa.**

1 vol. ill. en noir sur 5. Tome V.

480 — *Bambutsu Hinagata Gwafu.* Dessin de modèles pour mille choses.

Signature de l'artiste : **Sensai Eitaku.**
Signature de l'éditeur : **Eto Kihei.**
Daté : **13ᵉ et 15ᵉ années de Meiji.**

2 vol. ill. en noir. Tomes I et V.

481 — *Tokaido Gojusan Eki Shokei.* Paysage de cinquante-trois stations du Tokaido.

Signature de l'artiste : **Gountei Sadahide.**
Éditeur : **Suharaya Mohei.**
Daté : **1ʳᵉ année de Manien.**

1 vol. ill. en couleur. Tome IV.

482 — Album enfermant vingt-deux surimonos à sujets divers : natures mortes, oiseaux, etc.

Signés : **Chinnen, Keisai Eisen, Namei, etc.**

Collection des Goncourt. N° 1447.

483 — Album formé de quarante surimonos : paysages, natures mortes, fleurs, oiseaux et personnages.

Signés : **Fusenkyo Iitsu, Hokkei, Gakutei, Shinsai.**

Collection des Goncourt. N° 1430.

L'exemplaire porte la signature d'Edmond de Goncourt.

484 — Album de vingt-trois grands surimonos : fleurs, animaux et natures mortes.

Signés : **Hanzan, Bunki, Zeshin, Koun, Eisai, Minsho, etc.**

Collection des Goncourt. N° 1445.

485 — Album composé de dix triptyques oban tateye, représentant des scènes à personnages Européens, en costumes du commencement du XIX⁰ siècle.

Signés : **Yoshitora, Yoshikazu** et **Sadahide**.

486 — Album composé de neuf triptyques oban tateye : scènes à personnages.

Signés : **Yoshitora, Yoshimune, Sadahide**, etc.

487 — *Genji Kumo Ukiyoe Awase.* Série d'estampes interprétant le Gengimonogatari.

Signées : **Ichiyusai Kuniyoshi.**
Éditeur : **Iseichi.**

53 oban tateye (sur 54 ; manque la planche 22), réunis en un album, daté 1844.

Collection des Goncourt, N° 1476.

488 — Recueil de peintures chinoises possédées par *Kocho Shusai*.

2 vol. ill. en noir, édités au Japon.

489 — *Bansho Shashin Zufu.* Album de tous les phénomènes. (Livre d'histoire naturelle).

Signature de l'artiste : **Gyokuransai Sadahide.**
Signature de l'éditeur : **Sono Haraya Shosuke.**
Date : **4ᵉ année de Bunkyu : 1864.**

1 vol. ill. en couleurs. (Tome II).

490 — Célébrations des fêtes impériales. Deux volumes d'une collection illustrée en noir, consacrée aux grandes actions de la Chine. XVIII⁰ siècle.

Cachet : **Bibliothèque du Roi. Palais Royal.** (Hollande : musée de La Haye).

2 vol. ill. en noir.

491 — Album de vingt surimonos. Natures mortes et animaux.

Signés : **Shunman, Hokkei, Gakutei** et **Shinsai.**

Collection des Goncourt. N° 1440.

492 — *Saigwa Zushiki.* Modèles de dessins exacts.

Signature de l'artiste : **Katsushika Issai.**
Daté : **2ᵉ année de Keio.**

1 vol. (le 4ᵉ) d'une suite consacrée aux modèles de gardes de sabres et kozuka, ill. en noir.

493 — *Kwacho Yojo.* Sentiments des oiseaux. Sujets légers.

1 vol. ill. en couleurs. Tome I.

494 — Quatre volumes illustrés à sujets légers.

Trois de ces ouvrages, en bon tirage, ne peuvent être décrits dans ce catalogue, mais ils proviennent de la collection des Goncourt et il faut se reporter aux pages enthousiastes et indiscrètement précises qu'Edmond de Goncourt leur consacre dans son ouvrage sur Hokusaï, page 175. — « Les jeunes pins ».

495 — *Bijutsu Sekai.* Monde artistique.

1 vol. ill. en couleurs. (Revue artistique moderne, n° 17).

PEINTURES

496 — Album formé de vingt-deux peintures à l'encre de Chine, sur soie, représentant des oiseaux et des fleurs.

Signées : **Seien Hosai.**

497 — Album composé de vingt-six peintures sur soie. Elles comprennent 16 portraits de Rakan.

Signées : **Sosotsu.**

Et 12 paysages, fleurs ou oiseaux.

Certains signés : **Gyokushi.**

498 — Dessin à l'encre de Chine, rehaussé de couleurs. Acteur dans un rôle de femme.

Signé : **Ichikawa Yoshikazu.**

499 — Éventail encadré. Peinture sur papier. Scène légendaire. Japon. XVIIIe siècle.

500 — Makimono. Peintures sur papier, représentant des scènes guerrières et légendaires. École de Tosa. XVIIIe siècle.

501 — Kakemono. Peinture sur papier. Amida auréolé, assis sur le lotus, assisté de Fugen et de Monju sur l'éléphant et la chimère. XVIIIe siècle.

502 — Peinture sur papier, à l'encre de Chine, encadrée sous verre. Oiseaux. Japon. XVIIIe siècle.

Attribué à **Hokusai.**

Collection Hayashi. N° 1652.

503 — Suite de cinq peintures sur papier, à fond d'or, représentant des scènes de la cour. Style de l'école de Tosa. Japon. XVIIIe siècle.

504 — Peinture sur soie. Kakemono encadré dans une boîte vitrée. Branches de bambous se courbant sous le poids de la neige épaisse.

Signé : **Shunpo Kakutei.**
Cachet : **Tennen Koji.**
Cachet : **Nanjo Shujin.**

Collection Hayashi. N° 1532.

505 — Kakemono. Peinture sur papier. Portrait en pied d'une courtisane.

Attribué à **Shunsho** (*ainsi que le mentionne l'inscription extérieure*).

Collection Hayashi. N° 1579.

506 — Kakemono. Peinture sur soie.
Tigre couché, près d'un ruisseau au lever du soleil.

Signé : **Hekigan**.
Cachet : **Yasunobu**.

507 — Kakemono. Peinture sur papier.
Portrait en pied, d'une jeune femme, tenant un éventail.

Signé : **Utamaro fude**.

Collection Hayashi. N° 1586.

Cité par Edmond de Goncourt, dans son ouvrage *Outamaro*.

508 — Peinture sur papier, encadrée sous verre.
Shojo plongeant avec un tonneau de sake.

Signé : **Gwakyojin Hokusai egaku**.
Cachet : **Kishutsu Kisoko**.

Collection, Hayashi. N° 1662.

509 — Kakemono. Peinture sur soie.
Chien dans la neige, près d'une pivoine en fleur, protégée sous un paillasson sur lequel est perché un oiseau.

Signé : **Gyokutan**.
Cachet : **Okada Hokkei**.
Cachet : **Gyokutan**.

510 — Kakemono. Peinture sur soie.
Hanzan et Jittoku debout, l'un tenant un sceptre, l'autre une tige de lotus.

Signée : **Takudo**.

511 — Kakemono. Peinture sur soie.
Grande tête dorée du Buddah, sur un fond rayonnant.

Signé : **Iida Nangyo**.
Cachet : **Iida Nangyo**.

512 — Kakemono. Peinture sur soie.
Portrait en buste de jeune fille, paraissant sous une moustiquaire.

Signé : **Teiun**.
Cachet : **Teiun**.

513 — Kakemono. Peinture sur soie.
Portrait en pied de courtisane, à obi vert et manteau noir.

Signé : **Nangaku**.

Collection Hayashi. N° 1826.

514 — Grand kakemono. Peinture sur soie, représentant le prince impérial Kwakyo (Kung), assis sur un trône, dans un décor de dragons au milieu des nuages. Chine. XVIIIe siècle.

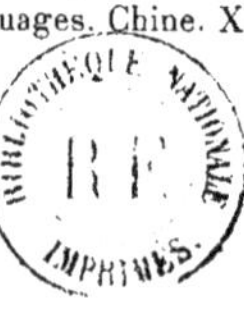